编　委　会

组织编写：北京大学招生办公室
顾　　问：初育国　刘明利
主　　编：秦春华
副 主 编：舒忠飞　王亚章　林　莉
　　　　　卿　婧　易　昕　熊光辉

爱的护航

——30名北大新生谈亲情、友情、师生情

秦春华 主编

北京大学出版社
PEKING UNIVERSITY PRESS

图书在版编目(CIP)数据

爱的护航:30名北大新生谈亲情、友情、师生情/秦春华主编. —北京:北京大学出版社,2013.9
(梦想北大丛书)
ISBN 978-7-301-22886-9

Ⅰ.①爱… Ⅱ.①秦… Ⅲ.①中学生－学生生活－文集 ②中学生－学习方法－文集 Ⅳ.①G635.5-53

中国版本图书馆 CIP 数据核字(2013)第 164944 号

书　　　名:	爱的护航——30名北大新生谈亲情、友情、师生情
著作责任者:	秦春华　主编
责 任 编 辑:	王慧馨
标 准 书 号:	ISBN 978-7-301-22886-9/G · 3667
出 版 发 行:	北京大学出版社
地　　　址:	北京市海淀区成府路 205 号　100871
网　　　址:	http://www.pup.cn　新浪官方微博:@北京大学出版社
电 子 信 箱:	zyjy@pup.cn
电　　　话:	邮购部 62752015　发行部 62750672
	编辑部 62756923　出版部 62754962
印 刷 者:	北京大学印刷厂
经 销 者:	新华书店
	650 毫米×980 毫米　16 开本　15.25 印张　190 千字
	2013 年 9 月第 1 版　2013 年 9 月第 1 次印刷
定　　　价:	28.00 元

未经许可,不得以任何方式复制或抄袭本书之部分或全部内容。
版权所有,侵权必究。
举报电话: 010-62752024　电子信箱: fd@pup.pku.edu.cn

序

北京大学校长　王恩哥

北京大学创建于1898年。作为我国近代建立的第一所国立综合性大学，北京大学始终与国家民族的命运紧密相连。从"百日维新"孕育的京师大学堂到位列当今世界名校"50强"，从"五四"新文化运动的呐喊到"团结起来，振兴中华"的时代强音，从最早传播马克思主义、中国共产党的创立到"小平您好"的问候，从高擎民主与科学的火炬到始终坚持"实践是检验真理的唯一标准"，一个多世纪以来，北京大学始终是中国思想文化领域的引领者，是代表"爱国、进步、民主、科学"的一面旗帜。胸怀家国天下的北大人，总是向着"好的，向上的方向"奋斗，为民族的独立与解放、国家的振兴与发展、社会的文明与进步作出了不可替代的贡献。这些贡献使北大远远超越了一所高等学府的有形存在，成为无数青年学子和现代人文学者、科学家所向往并依恋的精神家园。这种文化的向心力和精神的魅力，历久弥新，必将继续影响当代中国社会的进程和发展。

作为人类智慧和知识产生、汇集和传播的场所，大学承载着人才培养、科学研究、社会服务和文化传承创新等重要使命。大学之所以成为大学，最根本的就在于她具有穿越时空的精神力量和文化价值。大学精神的影响，不仅局限于校园之内，更有助于生成和塑造一个民族的精神内核和文化品格。一个优秀的民族，必然拥有能够体现本民族文化精髓的一流大学；一个强大的国家，必然拥有能够代表本国先进生产力的著名学府。文脉即国脉，古今中外，概莫能外。

当今世界，国家与国家之间的竞争，越来越多地体现在其所拥有的顶尖大学之间的较量。一所杰出的、一流的大学，其宏大而明确的抱负，就是要在知识的各个主要领域达至卓越，并以其源源不断的杰出人才保持和延续这种竞争力。如今，以北京大学为代表的一批中国高校，在创建世界一流大学的道路上已经迈出了坚实的步伐。截至目前，北京大学已有18个学科进入全球学术和科研机构的前1‰，学科实力、科研水平和教育教学质量总体达到了世界先进水平。

我们一刻不停地在努力，并且永不止步地追求更高更远的目标。北大人也充满了自信和期待：有朝一日，当北京大学的学者以其杰出的学术成就赢得国内外同行发自内心的尊敬；当北京大学的学生在世界任何一个地方就职都能以其实力赢得肯定和信任；当北京大学在过去与未来解决了国际前沿、国家急需的重大问题，并起到创新人类文明、引领社会发展的作用；当提到"北大"两个字时，我们的师生、校友，我们的同行、朋友，世界各地熟知或不熟知我们的人都能发自内心地肃然起敬。那时的北京大学，应当就是当之无愧的世界一流。这是北京大学奋力前行的目标，也是新的时代赋予北大义不容辞的历史担当。

"中国梦"是中华民族的共同梦想，"中国梦"也是由我们每个人、每个群体一个个梦想所组成。北京大学将是同学们圆梦的理想地方——你们将在这里接受最好的本科教育，你们的个性将得到最充分的尊重，你们的才华将在最广阔的舞台上得到展现。一个人要有梦想，一所大学也要有梦想。在北京大学这个追求思想自由的地方，这个精神与文化的圣地，我们每个人的梦想可能各不相同，但在所有这些梦想中，我们都有一个共同的愿望——那就是希望北京大学的明天更加美好。这个"北大梦"将激励着我们戮力同心、不懈努力。

亲爱的同学们，金秋九月，一段精彩的大学时光在等待着你们。我真诚地欢迎你们加入北大人的行列！让我们从燕园起步，共同为实现伟大的"北大梦"、"中国梦"作出自己无愧于历史的贡献！

北京大学校长

中国科学院院士

发展中国家科学院院士

2013年4月

目 录
Contents

1 ▶ 活在感恩的世界里

感恩疼爱我的母亲，感恩一直呵护着我、疼我、宠我的母亲。用她的话说："好孩子就是宠出来的，我就要宠我的儿子。"正如净空法师的格言所写："活在感恩的世界里，感激斥责你的人，因为他助长了你的智慧；感激绊倒你的人，因为他强化了你的能力；感激遗弃你的人，因为他教导了你应该自立；感激欺骗你的人，因为他增进了你的见识；感激伤害你的人，因为他磨炼了你的心志……"活在感恩的世界里，感恩一切众生给予我的助缘，感谢所有帮助我、支持我、肯定我的人，同时也感谢一切伤害我、斥责我、否定我的人。

8 ▶ 师 · 道

"竞赛得奖，我要说，是一件锦上添花的事。之前你参加的竞赛培训、做的练习、花的功夫是织就的锦，至于得奖那个名头及随之而来的省队呀、加分呀之类现实利益都是那个锦上的花。这花儿有了当然是好，没有，你也要相信自己已经织出了一匹好看的锦缎。

14 ▶ 感恩拥有 从心所求

所幸爹娘开明，没有横加干涉，任我自由发展，我做的许多不起眼的事情——一座沙滩城堡、栽下的小花小草都会得到他们肯定的目光。他们的这种教育方式一直未变。时至今日，他们的赞许是让我感到最开心、最幸福的事情。

爱的护航

22 和于江老师在一起的日子——回忆高中生活

他习惯于给学生充足的时间去思考、去感悟，而不急着讲解。每节课讲的知识和题目量很少，一般难度也不大（至少对我而言不太难），但是内涵丰富。有时问题比较复杂，他讲之前还会把答案步骤工整地抄到黑板上。我对于老师写板书的样子印象很深刻，他喜欢展示题目或解答的整体结构，而不是细节。

33 两种愿望

人多么应该利用每一次考验突破自我。这也许是开篇问题解决的一个途径。当我到达生理和心理的负荷极限时，应该压缩出学习内容的精华，而非自己的吃饭时间。我一直是一个不折不扣的"好学生"，成绩稳定。但高中以来，我学得很不轻松。数学是我的薄弱学科，文综没有把书读薄，最明显的是历史，甚至连最基本的时间线索都出现了问题。

41 学习上那些影响我的人

对我影响很大的高中班主任曾经帮过我很多，在我心浮气躁的时候用严厉的训诫压制我的躁动，在我心灰意冷时给我鼓励。她给我们最受用的那句口头禅"现在，该干嘛干嘛"不得不说有点"大智若愚"的感觉。她强调执行力，可以半个小时写完的作业就半个小时完成，写完就交，不允许拖到一个小时。为什么我们大多数人的起跑线是一样的，可是跑了12年，有人领先，有人落后，我认为执行力起了很大的作用。

48 漫谈十八年

犹记历史知识不牢固时，我会每天仔细精读两遍教材，在脑中回忆一遍，仍觉不妥，回家的路上给爸爸复述一遍。这样的自学，不仅让内容烂熟于心，还多了几分乐趣，收获许多方法。

54 那些年我们一起走过

母亲奉行"先成人、后成才"的教育理念，注重纠正我的不良习惯，并以此形成自我反思、自我修正的成长模式。父亲虽然没有太多时间来教育我，但在言传身教中让我真切感受到了那份如山般厚重的爱。他奉行卢梭的教育理念，我也因此接受到"自然人"的教育，虽然为了应付激烈的竞争而不得不应试，但正因为父母，我才得以保留住自己的一些特长和爱好，并为之不懈奋斗。

61 ▶ 平稳度过高中生活——处理好"三种关系"

  老师传授给大家的方法是被多少届学生验证过的，是经过多少位师哥师姐用自己的成功或失败经历证明了的正确道路，我们为什么不相信呢？为什么还要自己另行一套呢？只有真正相信老师，你才能真正跟从老师的步伐前行；只有真正相信老师，你才能真正信服老师的知识，你才能从内心去无条件地接受与认可。孔子早就说过："君子有三畏——畏天命，畏大人，畏圣人之言。"

67 ▶ 格万物之理，圆未名之梦

  我们无所不谈，从广袤的宇宙到微小的夸克，从月亮的阴晴圆缺到奇特的全息照相，从电力场形式的相似性到统一场论存在的可能性……每次交流之后，总是感觉到心胸开阔，眼界更加宽广。

75 ▶ 感谢一路上有你

  爸爸却依然为我打气："这一次的滑坡并不能否决掉你的实力，只能说明在这段时间别人冲到了你的前面，这刚好也为你敲响了警钟，让你看清楚现在的局势。只要不是高考，都能让你积累经验，分析好原因，整理好心情再出发！"

84 ▶ 感谢父母，感谢恩师

  我的记忆里，父母总是微笑着告诉我"你最重要的是玩"。当周围的孩子被父母"遣送"进各种各样的补习班，我却可以在家里自在地学习自己喜爱的任何知识、做自己喜欢做的任何事。父母认为，学习是一生的事业，热爱学习比学到知识还要重要。他们认为，学习应该给我带来快乐，并且告诉我每个孩子都是聪明的，相信我也有着很好的学习能力，在无比信任中培养我的自觉学习意识。

89 ▶ 爱是成长的力量

  孩子说，妈妈是唇间所能发出的最甜美的呢喃；诗人说，父亲的眼是我遇到最深的海,父亲的肩是我遇到最广的天;我更想说,爸妈,您是爱,是暖,是希望,是人间的四月天。因为我懂,母爱、父爱是比爱情更深刻、更温柔的情感。

100 ▶ 父母老师给我正能量

但是对于我,克服它们的方法总是相同的,就是回望自己的背后,无数在记忆里闪光、永不褪色的面孔,那些爱着我和我爱着的人们。无论何时,只要想起他们,就有了无限正面的能量,相信自己有了那样的力量站起来,困难和沮丧在这样的光芒下无所遁形,不再可怕。再执起自己的剑,划开混沌的阴天。

106 ▶ 那一年,我十七岁

她对我说,人活着就是为了呼吸二字。所谓呼,出一口气;所谓吸,争一口气。老师知道你是一个有志气的孩子,所以我才会反反复复刺激你,让你不要向成绩,向任何一个成绩暂时比你强的同学低头。她的另类鼓励方式虽然让我在过程中尝尽苦头,但却最终给了我最强大的内心和百折不挠的自信。

113 ▶ 那些年,我们一起走过的高中

这些青春的记忆、奋斗的日子、单纯的付出是每一个人学生时代最珍贵的财富,它远比那些可能走出高中后就会很快被我们忘掉的公式定理更值得铭记。良好的成绩其实只是学习的衍生品,在学校里学习这件事情本身才是最快乐的事。在学校里我们能得到的绝不仅仅是成绩单与习题集,还有朋友、快乐、温情、成长、磨炼。

120 ▶ 记我的高中老师

我不是最有天赋的孩子,也不是最为刻苦的孩子,只是我的老师们,他们愿意等待着我慢慢长大。他们不是出了许多教案教辅的名校名师,他们不是不顾家庭甚至累倒在岗位上的劳动模范,他们不会猜题,他们甚至为自己的能力不足而自责困扰……他们很普通,但这并不影响他们成为好老师。

127 ▶ 成长之路

为了成绩,为了排名,对于一直稳居前两名的我,一点点的下滑都让我倍感挫败,甚至落泪。我的母亲告诉我:"拿得起,就要放得下。"是啊,你的心有多大,你的梦想就有多大;你的梦想有多大,你的舞台就有多大;你的舞台有多大,你的困难就有多大;你的困难有多大,你就要有多大的心来承受。

134 ▶ 十二年的求学路

爸爸有的时候是个大小孩,他告诉我什么叫玩,教我抓蝴蝶、逮蜻蜓、钓鱼,估计我对自然的亲近就是他培养的。有的时候爸爸又扮演导师角色,他并不常絮叨,但在我需要帮助的时候,他都会提点很有用的建议。

140 ▶ 我凭什么上北大?

每当我有所动摇彷徨、自我怀疑的时候,就会抬起疲惫的头颅,看看眼前的大字,在心底里大声发问:我凭什么能上北大?其实心里早已有了答案,只是那个答案在心里一遍遍地回响,于是沉默不语,低下头继续我的"梦想工程"。

146 ▶ 写在高考后

我会问一问老师我最近的表现怎么样,从老师看待学生的角度了解自己值得肯定和需要改进的地方。一般来说,老师们拥有多年教学的丰富经验。他们可以从一些蛛丝马迹中判断出你现在的状态和面临的问题,而你有可能还不自知。换句话讲,他们或许比你更了解你自己。

155 ▶ 成长为人

每次我寻求班主任的帮助时,她总会给我一个大大的微笑,告诉我一定要自信,她是一点也不担心我的。每次我去找我的数学老师时,他都会在问明情况后把我痛骂一顿,让我知道其实我进步的空间还很大,我还有很多的时间可以好好利用。两个老师,风格不同,但分别在我掉落到两个极端时把我拉回正常状态,这在我的心理平衡的保持上起了很大的作用。

爱的护航

164 ▶ 一路走来

　　我爸爸平日里总是一声不吭，默默地在家里待着，然而他已经为我做了十几年的"车夫"。从上幼儿园起，爸爸就会每天接送我上下学和去周末的各种补习班。从起初的助动车到后来的小轿车，爸爸总是风雨无阻地接送我读书。他一直说："做事要有始有终，坚持才能有所收获。"

172 ▶ 一棵树的长成

　　父母为我的成长提供了有益的温床。最爱的故事书，带我见证了丑小鸭度过严寒的坚韧、诸葛亮七擒七纵的宽容、达芬奇日复一日的坚持；珍藏的生日礼物，是为我解答疑惑、给我开阔眼界的《十万个为什么》；期待的假日，是在祖国的山河中见识我所不知道的事。在这种环境中，不知不觉就会让我了解许多，爱上许多。

177 ▶ 这一年，这些年

　　深夜里听着我把心里的委屈说完，替我着急的，是你；带我到办公室，手指着每一个字、每一道题帮我解决问题的，是你；悄悄在试卷的某个角落写上"有梦的孩子注定和他人不同。晓丹，加油，老师为你骄傲，因为你是我的孩子"的，是你；听到我不停的咳嗽声，摸摸我的头，课后把一大块香蕉放在我桌上的，是你；毕业那天，你把我拥在怀里，我流着眼泪轻轻地说"老师，我舍不得你"，啜泣着说不出话来的，也是你。

186 ▶ 老师们的口头禅

　　这种另类但颇有实效的复习方法对我们大有裨益，我们的知识面不仅仅局限于课本，但又不是一味超纲，而是相互结合。用老师的话说："'植物的一生'将你们高中的绝大部分重要知识点串联起来，这可是我'品'出来的哦！"

196 ▶ 妈妈独特的"家教"方法

　　就像刚刚提到那样，妈妈不是不关心我的学习。她跟我说，如果你能做到一百分，那么九十九就是一个遗憾，如果你的能力只能达到九十分，那么九十分就是成功。她给我信心，告诉我所有的知识都是我可以学会掌握，我可以是最好的，合格不是六十分，而是一百分。

200 ▶ 失败经历，成功精彩

　　的确，多与人沟通能够提高自己的抗压能力。遇到烦恼时，向老师咨询，可以得到最贴切的帮助；跟同学谈心，可以得到最善意的关怀；与父母倾诉，可以得到最温暖的关心。成长路上，多寻求他人的帮助，这不是麻烦别人。对长辈，是对他能力的相信；对朋友，是对你们友谊的信任。

210 ▶ 圆梦后的自白

　　我一直紧跟自己的心，在课内学习、课外活动和个人爱好之间，我知道我是谁，我该做什么，我该怎么做。理智指引我小心扣住劳逸之间那根弦。充分利用在学校的时间，回家就绝不带作业，尽量做有兴趣的事。

219 ▶ 我的化学奇缘

　　课内的作业，我会选择那些对我有用的来完成；课外的化学竞赛，我也没有囫囵吞枣式的什么都看，而是有针对性地选择那些对竞赛有用的书来看；业余爱好只是起到调节作用，像玩乐器和打球，在学累的时候放松一会儿，还是很美妙的。

229 ▶ 后记

活在感恩的世界里

> 感恩疼爱我的母亲，感恩一直呵护着我、疼我、宠我的母亲。用她的话说："好孩子就是宠出来的，我就要宠我的儿子。"正如净空法师的格言所写："活在感恩的世界里，感激斥责你的人，因为他助长了你的智慧；感激绊倒你的人，因为他强化了你的能力；感激遗弃你的人，因为他教导了你应该自立；感激欺骗你的人，因为他增进了你的见识；感激伤害你的人，因为他磨炼了你的心志……"活在感恩的世界里，感恩一切众生给予我的助缘，感谢所有帮助我、支持我、肯定我的人，同时也感谢一切伤害我、斥责我、否定我的人。

姓　　名：陈高源
录取院系：哲学系
毕业中学：福建省福州第一中学
获奖情况：2011年"第三届海峡两岸中学生演讲比赛"团体一等奖、最佳才艺表演奖、最佳口才奖

十八年的时光匆匆流去，或许，作为学生的我们每个人学习了许多方面的知识，从"尧舜禹"到"马列毛"，从亚里士多德到牛顿、爱因斯坦，上至天文，下至地理。可是我相信，一旦我们离开课堂、离开学

校，这些东西都会渐渐地从我们的脑海里淡去，唯有十多年所沉淀下来的传承于父母亲人、师长学长的人生道理不会淡去，且越悟越懂、越悟越深。感恩世上一切真善美对我的滋养，让我从幼稚懵懂到不断成长、成熟。感恩佛法对我的哺育，让我明白感恩是既要感恩每一个帮助过我的人，也要感恩每一个伤害过我、斥责过我的人……于是乎，我理解了"感恩"。活在感恩的世界里，处处有感动，处处有感恩。

妈妈时常告诉我，她是剖腹产生出我的，当时需要在医院里面住十几天。从妈妈在医院里生出我的那一刻起，奶奶就寸步不离，守在我们母子的身旁，照顾我们。在我幼儿园、小学到初中阶段的每周一到周五，奶奶都在我家帮忙照顾我，周五傍晚才回乡下老家，周日晚上又赶来城里到我家。十几年的时光，奶奶都是这样来来去去地奔波。记得我读小学的时候，每天放学，都是奶奶去校门口接我，帮我背书包，她总怕我书包太重了背着辛苦；一到家，就端出准备好了的绿豆汤、鱼汁、萝卜汤、水果等各种各样的东西让我吃。有的时候我爱玩电脑、有的时候做作业，奶奶甚至要把饭菜装好拿到书房里，一口一口地喂我吃下去，她才安心。善良淳朴的奶奶没念过书，不会讲普通话，因为和奶奶在一起，所以，儿时的我学会在会讲流利普通话的同时，也自然而然地能说一口流利的福州家乡方言……往事历历在目，感恩之情铭记于心！

感恩疼爱我的母亲，感恩一直呵护着我、疼我、宠我的母亲。用她的话说："好孩子就是宠出来的，我就要宠我的儿子。"是的，我小的时候，要学钢琴、学吉他、学萨克斯到后来想学声乐，不管学费有多贵，妈妈都无条件地同意；我说要买书本、乐器、MP3、游戏机、电脑、演出道具等各式各样的东西，妈妈从来不计较费用有多高，只要是我想要的都满足我；我的任何决定，妈妈都坚定地鼓励我、支持我、更相信我。我中考报志愿的时候，爸爸担心考出来的分数不理想，建议我填报离我们家一弄之隔的福州三中，我说哪怕我只能去差的学校也要搏一搏，去报考福州一中，这时候妈妈说："儿子，你想考哪里，想怎么填你就填吧。妈妈相信你可以的！"就这样，我最后考入了福州一中；高一后文理分科，妈妈也支持我的选择，"喜欢报文科你就报吧。我的儿子是最棒的！"后来原本住校的我提出在外面租房子更适合，妈妈也毫不犹豫，马上替我找房子；当时申报北京大学校长实名推荐的时候，妈妈反复激励我多尝试多参与，她说："你一定要写申请，你不试一试怎么知道你自己行不行呢？我儿子这么棒，哪怕这次失败了，你也经历过了，就绝对有收获，才一定不会后悔！"感恩我有一位这样伟大的母亲，您是我的死党，是我最忠实的粉丝、最坚定的支持者！谢谢我的妈妈！

我除了有一位一直都支持我的母亲之外，还有一位几乎一直都"反对"我、一直都和我不断辩驳的父亲。而此时，我想对爸爸说："儿子小的时候只知道和你拌嘴，现在我知道了，小时候你限制我玩电脑、听MP3、玩游戏机，是怕我不能自控耽误了学习，你让我明白放松不是放纵。现在我能把握好这个度。当初你不让儿子我填报一中，是为了保稳，怕考的分数如果不理想，万一报了一中没考上，连三中也肯定去不成了，只能往下一档，去普通的学校了。同时也是担心一中是住宿生活，吃的是学校食堂，而且离家很远，周末回家坐车还要转车几次都不是很方便。谢谢你让我明白了，为了自己的追求，要学会承担失败的考验，同时你也让我第一次知道是该到脱离父母亲怀抱的时候了，该到了独立的时候了。儿子我要报文科你也发表不同看法，你说理科的专业选择面更广，就业面更广，报理科好处更多。谢谢你把理科的诱惑力全部都陈述给我听，让我再三思量，最后学会了对自己兴趣的坚守。后来学校在排练后期临时让我去担任建党九十周年演出的男一号，那时生物会考、期末考也马上就要来了，学业也很紧张，你建议我不要去，要以学业为重。儿子已经学会了什么叫做负责，学校交给儿子的任务，儿子责无旁贷，同时也会记住你的话，"要把学业照顾好的。"感恩与我不断辩

驳的父亲,谢谢你让我学会不断倾听"不同的声音",不断形成自己独立思考、独立抉择的能力,不断审视自己的目标,不断地成长!

我第一次在福州一中观看的"高雅艺术进校园活动"是中央歌剧院的演出,当时我就被美声宽广、浑厚共鸣的声音所吸引,这次让我现场听到了美声歌唱演出,我便想要去在课余时间拜师学习美声。父亲经多方打听认识了一位老师,约好了时间去拜访他。到了那里,老师先让我弹钢琴和吉他,然后问我想唱什么歌,他伴奏听听我的声音。我那时对于美声几乎完全不了解,也不知道什么曲目难什么曲目简单,只知道什么歌我爱听我就想唱。我跟老师说那我唱《那就是我》吧,于是就随着伴奏勉强把这首歌唱下来了,其实我后来认真学了声乐才知道那时候唱得是很差的。唱完了歌,那位老师说:"你对美声有兴趣?"我说:"是的。"他说:"你以后想当个歌唱家?"我说:"挺想的。"他说:"在我这里有几个同学学钢琴,他们都想当音乐家,每天练琴的时间都在十个小时左右,你能办得到吗?"我说:"我还在学校念书,恐怕这个有困难。"他说:"那你凭什么说想唱好美声,像你这样的人,背个吉他,会弹钢琴,想唱歌,去北京我随便一抓都会有好几个人,你这样子又有什么?你说你在学校参加合唱团,不要以为就有什么了,其实这没什么了不起的,业余的学生合唱团而已,只是一些经历罢了。我这里有很多学生想学声乐的,有一个条件很好的,我给他介绍到一个北京的老师那里去,那个老师听了她唱歌之后很满意她的嗓音条件,后面都没收她的钱,免费教她,现在到处开演唱会,挺不错的。但是你这个样子,其实说实话你的嗓音条件又没有非常好,只是很一般,而且才刚开始练,虽然你以前学过很多乐器,音乐基础还行,但是……"那时我年轻气盛,没听完便扭头出门就走了,以后也没再和那位老师联系过。现在想想,那似乎也已经成为了我难忘的一次教训——几乎被一个老师给彻底否定了,给我划上了一个叉,让我深感受挫。可是也许正是他的"否定",让我更加坚定了对于美声的热爱，对于艺术的追求。后来我有幸结缘了福建艺术职业学院音乐系主任王老师，在那里我学了三年的美声。王老师对人非常随和，歌唱得很棒，教学也很认真。三年来，在老师的指导下，我收获颇多。感恩王老师的悉心教诲！同时，我也感谢当初那位斥责我的老师，是您让我更加坚定了自己的信念，更加发奋地学习声乐！

刚进福州一中不久，我便去报名参加学校的话剧社招新，经过初试、复试，最后才进入了剧社。来到剧社之后，第一个任务便是要进行元旦文艺汇演节目的试戏、选角。选角是一个个社员念角色的台词，根据念台词的好坏来决定角色是由哪位同学来饰演。当时我自认为我的台词念得绝对没有问题，随便念一下就可以很好，可是后来公布角色名单的时候却没有我的名字。我心里面非常不甘，难道有谁台词念得比我好吗？元旦文艺汇演的时候，我坐在台下观看。到了话剧社的节目我马上打起精神来，瞪大眼睛，竖起耳朵，想要看看到底我是输在了哪里。可是节目演完，我感觉他们的台词和表现都不比我强，我自信如果我去演出的话，肯定会比他们做得都好，可是为什么社长、副社长他们没有选我去出任演出的角色呢？我心里疑惑：为什么不是我？后来副社长告诉我说："陈高源，你知道当初为什么没选你去出演元旦的表演吗？不是因为你形象不好，更不是你台词念得差。我记得非常清楚，当时我让你念台词的时候，你拿起那份剧本脸上是一副不耐烦的表情。虽然你念得很棒，但是我后来故意让你再念一遍，你看了我一眼，很随意地拿起那个剧本再念了一遍。他们没有注意到这点，但是我看到了，说明当时的伍子胥相国（我后来饰演的一个角色，即指代我）还很浮躁啊，是不能演戏的，我跟社长说我要把你拿下来。"我恍然大悟！感恩这位果断把我"拿下来"的学姐，是她让我感受到了失败的滋味，是她让我明白了"态度、细节"的重要性，我渐渐学着做任何事情都要端正思想，一丝不苟！演话剧亦是如此，高二那年，我便是话剧社的副社长，选择道具、推敲角色、布置舞台，我都精益求精、乐此不疲。在饰演和创造不同角色的同时，我也感悟到剧中人不同的人生。

还记得那一次，我在学校行政楼的卫生间遇到了年段长，有些滑稽，可是那次讨论的话题却很严肃并影响了我。他那时候很随意地问我："以后想考北大吗？"那时候我洗着手，笑着跟他说："老师，北大啊，说想的话每个学生都肯定想，就是没什么把握。目前，北大好像还是有点难度，而且到时分数考得高与低也都要看命啊，我还不敢有太多的想法。"突然，段长转身瞪着我，抬了一下眼镜对我说："陈高源，我告诉你一句话——'瞄着飞机打着了老鹰，比瞄着老鹰打着麻雀要强得多'，你记着。"我愣了一下，说："记着了！"从那时候起，我的大学目标就真的有且只有一个——北京大学。佛家说："因上努力，果上随缘。"结果显然是不可预计的，但是有一点是肯定的，那就是我们必须瞄着更高的目标来不懈前进。拿破仑说："不想当将军的士兵不是好士兵。"每个人的潜力都是无限的，我们只有朝着更高的目标去努力，才能够最大限度地发挥出自己的潜能，最后的结果就是：一切皆有可能！我很庆幸，在我成长的历程中总有能给我指明方向的亲人和师长，感恩我的年段长给了我树立"鸿鹄之志"的金玉良言！

当时在北京大学中学校长实名推荐制学校内的推荐选拔面试中，李校长问了我一个问题："陈高源，你知道吗，学校领导都在我这里提起你，他们很欣赏你，很挺你啊，你能告诉我你觉得你让大家印象最深刻的是什么？"我说："大概是我学习不错而且在艺术表演方面都很有特长吧？"校长摇了摇头，我说："那是上次海峡两岸中学生演讲比赛，我为一中拿下了大赛的一等奖？"校长说："你所说的这些都不是，你再好好想想。"我愣了一下，说："校长，我知道了，那一定就是上次参加福建省教育系统建党九十周年红歌会的时候？"校长说："有点意思，你继续说。"我说："我想应该是因为当时在临近期末和生物会考的时候，学校临时通知我,希望我能承担这次演出的男一号的重任。我在排练后期学业又繁重的情况下,却没有考虑太多,以学校为重,马上答应了学校的演出活动,融入排练,最后圆满完成了学校交给的任务?"校长很赞赏地点了点头,最后将我选定为2012年福州一中北京大学中学校长实名推荐制的人选。感恩李校长,助我圆了"北大梦",更要感恩李校长,让我牢记每个人应履行对集体、对学校、对社会应尽的责任,要做一个勇于担当的人!

……

正如净空法师的格言所写:"活在感恩的世界里,感激斥责你的人,因为他助长了你的智慧;感激绊倒你的人,因为他强化了你的能力;感激遗弃你的人,因为他教导了你应该自立;感激欺骗你的人,因为他增进了你的见识;感激伤害你的人,因为他磨炼了你的心志……"活在感恩的世界里,感恩一切众生给予我的助缘,感谢所有帮助我、支持我、肯定我的人,同时也感谢一切伤害我、斥责我、否定我的人。活在感恩的世界里,在北京大学我定会满怀感恩,加倍努力,将来回报大众,回报社会。

师 · 道

> "竞赛得奖,我要说,是一件锦上添花的事。之前你参加的竞赛培训、做的练习、花的功夫是织就的锦,至于得奖那个名头及随之而来的省队呀、加分呀之类现实利益都是那个锦上的花。这花儿有了当然是好,没有,你也要相信自己已经织出了一匹好看的锦缎。"

姓　　名:郭祎劼
录取院系:数学科学学院
毕业中学:陕西省西北工业大学附属中学
获奖情况:2012 年全国高中生化学竞赛陕西赛区一等奖
　　　　　2012 年全国高中生数学竞赛陕西赛区二等奖
　　　　　2012 年全国高中生物理竞赛陕西赛区二等奖
　　　　　2012 年全国高中生生物竞赛陕西赛区二等奖
　　　　　2011 年全国中学生语文能力竞赛高二年级组一等奖
　　　　　2011 年全国中学生语文能力竞赛高一年级组一等奖

　　　道之所存,师之所存也。　　　　　　　　　　　——韩愈

"没事下去玩一下"

又是一节习题课,又是两黑板密密麻麻的演算,又是顺理成章

拓展出的 n 道思考题，"解析小王子"、"拖堂李天王"的名号真非浪得虚名。"其实可以考虑将椭圆中的这个结论拓展到双曲线是否成立。"李老师淡淡道："好了，你们没事把这道题下去玩一玩。"李老师讲课总是带着数学老师特有的沉静、严密、简练，但也不乏令沉闷课堂为之一振的惊人之语。"哎，这个解挺好玩的。""圆锥曲线里就抛物线没有中心，多可怜啊。""嗯，当年我们读书的时候，别人都去看电影啊，出去玩什么的，我就在宿舍拿本数学书看，也很有意思的。"说着再配以中学生似的腼腆一笑，好像在对孩子们说起自己的挚友，甲高点儿，乙胖点儿，丙的问题挺讨厌，丁有很多优秀的品质……

  李老师在同龄人中显得很年轻单纯，这让人想到牛顿那个经典的自喻："我以为自己不过是一个在海边玩耍的孩子，不时为发现比寻常更美丽的贝壳而沾沾自喜。"陈省身的题词"数学好玩"更是成为了老师言行的生动注解。

  在一次次被数学压轴题"虐"得欲哭无泪的时候，总能听到李老师轻描淡写的一句："也没什么难的，接下来我就不演算了，你们自己玩一下。"在常人看来枯燥繁难的数学在老师心中是什么样子呢？是不是每个函数都有自己的性格？是不是每一个经典的不等式都能牵引出美好的回忆？是不是单调性、周期性、奇偶性就像人的面目，会哭会笑？又或许……抛开我浮华的联想和孩子气的揣测，数学就是以其本质的简洁深刻而使人沉醉，让人热爱，给人享受。

  想来世界有大美，不只是诗歌、音乐、绘画之类文艺方面形象的美丽，更有自然科学无限又抽象的魅力，"任是无情也动人"。当阿基米德在沙地上画几何图形的时候，当伽利略仰望星空的时候，当霍金坐在轮椅上思绪却绵延到宇宙深处的时候，那种痴迷，那种热爱，让人虽不能至，心却向往之。

"要找到自己热爱的东西,并为之执著一生"是几何老师传授的"道"。

● "世界上有你喜欢做的事,有你必须要做的事"

一遍遍仿写句子做到想吐?一页页字词总结琐碎得让你不耐烦?一篇篇文言文背诵真让人头大?一次次作文练习笔头干旱,文思枯竭?尚老师会严正地告诉你:"世界上有你喜欢做的事,有你必须要做的事。高考是你必须要做,而且必须做好的事。"那么,继续硬着头皮默写,一个字一个字订正;继续安下心来阅读,一道题一道题吃透;继续与模拟题拼杀,每次都全力以赴。

我不喜欢把高考夸张到扭曲考生天性的地步,正如我不喜欢熬灯费蜡来印证自己的努力,也不喜欢在硬性规定之下完成任务。但是,如果说我们自由散漫惯了的"90后"学生是孙猴子,那么敬爱的尚老师就是适时出现的如来佛祖。"做学问要守得住清贫,耐得住寂寞。""周记是必须做的,摘抄是必须交的。""考试就是要每分必争,差一分就是他不是你呀。"不通人情也罢,严苛管理也罢,在高考指挥棒下,尚老师践行着一个老师的职责。

我们曾经幻想过完美的东西,后来知道它不存在。无论我们是否情愿,高考确乎教会了我们自律、忍耐、沉静,克制爱玩的心性,与自己和解。而这个过程中,在接受、妥协之后,在决定去做"必须做的事"之后,更重要的是让自己坦然平静地接受,调试自己做好"必须要做的事"。既来之,则安之。与其左顾右盼,心不甘情不愿地考试做题,倒不如把高考之类看似艰难的任务内化成自己的目标,尽力而为看看自己到底能做到多好。

"不能做喜欢做的事,就去喜欢自己做的事"是语文老师传授的"道"。

"再怎么样都不能坏心情，人可以很累，但心不能累"

化学竞赛有机部分训练，一进教室，嘿，一米八以上的个头，浅粉色衬衫，笔挺的西裤，古铜色皮肤，略带书卷气的眼镜，多优质养眼的老师啊。"我姓周。"自我介绍的时候大家还在激动议论中，他只好说："大家安静点儿，我也是奔六的人啦，有事您下课跟我聊成不？"神呐，这可是六十岁的年龄，四十岁的嗓音，三十岁的身材，二十岁的精气神儿啊！

身为大学老师，周哥上课生动风趣，通俗易懂，也很容易与我们这帮小破孩儿打成一片。但他自称什么都玩儿就是不干正事，如他的学生——我们化学科任老师——所言："周老师什么桥牌、爬山、羽毛球都会，还都是会长、副会长那个级别的……对了，他还喜欢和师母一块儿偷菜……"喜欢上课，不喜欢做科研，喜欢和孩子们在一块儿聊天，不喜欢出考试题改卷子，喜欢跟学生讨论思考，不喜欢布置硬性作业……"一定要心态好，我没特长，就是心态好，天生的。""什么做题呀，看书呀，搞竞赛呀，做的时候要自己高兴，要是烦了就不做了，出去玩儿去，做也没效果啊。""怎么？觉得累呀？累不怕，心不累就行。"

不论反应方程式多麻烦，周哥总能从反应机理的角度讲解得顺理成章；不论有机物质分子式长得多张牙舞爪，周哥总能从电性、空间位阻的角度剖析出它的物理化学性质；不论竞赛课上到多晚，周哥总能乐呵呵地上课，因为不会心累。

也许我们无法活成周哥那样逍遥洒脱，也许我们永远修炼不到那样健康的心态，也许我们难以收获那样痛快随意的人生，但周哥至少向我们展示了一种可能。如果在书山题海中举步维艰，如果在世事冷暖中无奈辗转，如果在名缰利锁中浑浑噩噩，一闭上眼，脑中就浮现出六十岁的周哥充满青春活力的笑容。

"生命给了什么,我就享受什么"是化学老师传授的"道"。

● "人在做,天在看"

如果不会有结果,你还会不会种下梦想?如果努力不一定换得现实的回报,你还会不会继续?如果远方除了遥远一无所有,你还会不会风雨兼程?当你有着如此疑问时,不高的马老师会以无比高大的形象告诉你:"会"。

金秋各学科竞赛告一段落,自然有人欢喜有人愁,班头马老师对全班同学说道:"竞赛得奖,我要说,是一件锦上添花的事。之前你参加的竞赛培训、做的练习、花的功夫是织就的锦,至于得奖那个名头及随之而来的省队呀、加分呀之类现实利益都是那个锦上的花。这花儿有了当然是好,没有,你也要相信自己已经织出了一匹好看的锦缎。我们是要那个锦呢,不是为了那个花儿。在这个准备过程中你认真努力过了,锻炼了思维品质,开拓了视野,磨炼了意志品质就很棒了。"

到了高三后期,模考如过山车一般地起起伏伏,班头保有宏观长远的视角,不只用成绩好坏来评价一个学生、一次考试。"你看西游记里,孙悟空、猪八戒、沙和尚,哪怕白龙马都有法力,为啥手无缚鸡之力,总要别人搭救的唐僧是师父呢?因为不管多大的诱惑当前,不管多少路途艰辛,他都记得'赶路要紧'。我希望大家也能做到不急不躁,不悲不喜,做好自己,不要管别人,做好当下,不要管结果。踏踏实实地努力着,因为人在做,天在看。不努力就换来好结果,且不说基本不可能,即使这馅饼掉到你头上了,一个筋斗云翻到西天也是取不回真经的。"

彷徨、失落、挫败、困惑、惰怠,大概是每个高三学生都会走过的心路。但马老师永远用平和坚定的声音在身后提醒我们，要我们相信"人在做，天在看""天道酬勤""关注当下"。

"既然选择了远方，便只顾风雨兼程"是物理老师传授的"道"。

师者，所以传道授业解惑也。所谓"三人行必有我师"，不只是父母、师长、同学、朋友、点头之交，及至草木树石皆可为师。取人之长，汲取领会，自然日日精进。

至于道，所谓"吾师道也"，需要学习的不只是具体的知识，更多的是求知之道，人生之道。

师恩如山，言语难以描摹其万一。唯有时时铭记，超越自己，以实际行动表达那份终生的感谢。

感恩拥有　从心所求

> 所幸爹娘开明，没有横加干涉，任我自由发展，我做的许多不起眼的事情——一座沙滩城堡、栽下的小花小草都会得到他们肯定的目光。他们的这种教育方式一直未变。时至今日，他们的赞许是让我感到最开心、最幸福的事情。

姓　　名：许孜
录取院系：光华管理学院
毕业中学：福建省厦门外国语学校
获奖情况：全国中学生英语能力竞赛福建省第二名
　　　　　福建省"三好学生"

　　在参加北大体验营和自招的时候我曾读过《就这样考上北大》，其间描绘的每个人或光芒四射或艰难曲折的奋斗史让我心中杂陈着佩服和惭愧。相比之下，我走过的这十八年的路似乎是一条太缺少波澜的坦途，没有特别大的挫折或者特别荣耀的故事，然而正如一首老歌中唱到的"曾经在幽幽暗暗反反复复中追问，才知道平平淡淡从从容容才是真"。这一路走来，虽然远达不到"淡泊明志、宁静致远"的境界，但我在平淡中觉得特别幸福，也非常感谢所拥有的一切。

　　也许是我已经度过了传说中特别苦累甚至在有些人口中"暗无天

日"的高三——好了伤疤忘了疼了吧,上个月看《壹周立波秀》的时候听到他痛批国内教育模式,我竟然没产生共鸣。类似他的声音不在少数,应试教育无论在国内或者国外动不动就会招来批评的论调,但是就我个人的中小学经历来说,我觉得咱们的基础教育没有那么可恶,流汗流泪的同时也常伴欢笑,且在高考完的暑假回首,竟比自己曾经想象的更加珍重那些年和同窗一起奋斗的岁月。

感谢爸爸妈妈让我度过了一个无忧无虑的童年。一年级的时候,很多家长就已经在比孩子的成绩了,遗憾的是那时我太过懵懂,成绩离100分有一段遥远的距离。所幸爹娘开明,没有横加干涉,任我自由发展,我做的许多不起眼的事情——一座沙滩城堡、栽下的小花小草都会得到他们肯定的目光。他们的这种教育方式一直未变。时至今日,他们的赞许是让我感到最开心、最幸福的事情。随着学业负担的增加,我面对的东西渐多,而无论何时,我的压力都来自于自己而不是来源于父母。大概也是在这种环境下,我养成了一种乐天知足的个性,并不过多在意得失,所以我的一个很要好的朋友评价我的词语是"当下",即专注于手头的事情,不盘桓于脑中各种设想的可能性,而是付诸实际,在现实中创造,在现实中改变。

小学应该是一个嬉笑怒骂不成文章的阶段,故此特别快活。快活的时光一般会显得特别短暂,一晃到了六年级,同学就都在讨论"小升初"的问题了,当时厦门外国语学校是市里最好的初中,所以大家基本上能参加考试的都选择参加。对于那次考试,由于题型是不能够把握的,大家心里都没底,从考场出来垂头丧气、低头抹泪的都有,但是幸运的是我依然比同龄人懵懂,所以出来的时候我心情很好,似乎是"考试任务已经完成,后续的事我也管不着啦"的心态吧。然后更幸运的是我通过了考试,尽管不是以前几名的身份录取,但毕竟是光荣地成为了

爱的护航

厦门外国语学校的一员,开始了我青涩并美好的六年厦外时光。

懵懂对我来说似乎是一株幸运草,庇护着我免受功利和压力的过早入侵。我并没有意识到周围的同学都是带着骄子的心态的,这种心态客观来讲也没什么,大家都是各个小学的骄子,那么进来自然还是准备继续这个身份的。我就这样茫然地迎来了期中考,名次刚好是第100名,超出了所有期许,真是大喜过望,记得我一路招摇地拿着成绩单,一回家迫不及待地给妈妈看,看完又急不可耐地打电话给在外地出差的爸爸。大概那是最令人欢欣鼓舞的一次了,后来渐渐长大,学会了要表现得稳重,也就失去了肆无忌惮的快活。

时光荏苒,转眼已是初三,我顺利进入直升班——顾名思义,就是不需要通过中考直接升高中的班级。进入直升班的前半年,课业比较轻松,我还是一如既往地跟着老师的步骤走,做一些竞赛的练习及与高中课程的衔接学习。和很多在小学就参加过奥数班的同学不同,竞赛是我之前没有接触过的领域,我并不了解初中的竞赛对高中的竞赛是有基础和铺垫作用的,所以仍然以轻松的心态对待它,虽说竞赛得到了省级奖项和市级奖项,但是要继续高中的竞赛是不够的。后来回想起来,后悔直升的时候没有多学一些知识,因为越往后时间越紧,再也没有像直升的半年那样的没有什么压力又有充足时间的日子了。不过我也趁着这半年把对乒乓球的爱好"发扬光大"了,年级里除了我没有什么打球的女生,所以每天傍晚我都是和一帮男生一起打球,互相切磋技艺,堪称乐事。劳逸结合永远是真理,如果读书以外没有自己热爱的一些活动,生活可能就如没有云彩的天空,太单调也太寂寞了。

升高一后,正式的考试科目增加到9门,重点班的学生大多是把时间投入了理科课程的学习,"王后雄"、"五三"、"世界金榜"(三类辅导书)争相上场,刷题烧题者芸芸,身陷题海不亦乐乎。可怜文科史地政，许多相信自己会读理科的同学课内练习都搞不定，基本是考前背背应付应付罢了。我当时对自己理科尖子的道路深信不疑，文科课程在我这里也被束之高阁，很少问津。物理是我比较畏惧的一门课，成绩波动大，这也是唯一一门我用了学校教辅以外的课程，这一年我把物理学透，期末考试终于如愿以偿拿到了单科第一。针对自己的弱项查缺补漏，从零开始夯实基础，最终胜利完成，这真的是一件非常有成就感的事情。有趣的是，一年多后参加北京大学光华管理学院自主招生的个人面试时，我被问到了这个问题："如果你的数学或物理比较薄弱，你觉得它会影响你的前途吗？"这问题真如打在我心坎上一般，面试相对来说并不是我的强项，但我对这个答案太有自信了，那就是肯定不会，以我亲身的经历，迎难而上把自己的短板搞上去，那么木桶效应又怎能奈我何。

尽管我"费尽心机"证明了理科实力，但是想到乔布斯那句"听从自己内心的声音"的名言，我在一番纠结后还是投向了从小就感兴趣的史地科目，从高二开始成为了一名文科生。小时候听多了"兴趣是最好的老师"这句老话，便将它归为陈词滥调之流，谁知越长大越相信它的正确，读书也好，运动也好，因为爱它才会想学好，也才会有快乐，才会有所长、有所成。

应该说，对文科我是相当自信的，一来高一时没花什么心思就读得很不错，二来对课程本身也比较喜欢，所以和初中时的懵懂不同，我是抱着称雄的想法来到文科的，一开始的考试也很给面子地让我和另一位同学遥遥领先了，于是乎便有些飘飘然，"哦，原来传说中疲于奔命的高中也可以这么轻松。"然而时间很快改变了我的看法。虽然身为文科生我不愿意否认文科的难度，但是与理科相比，文科确实是能够依靠勤奋和多练多记就可以读得不错的。很快就有一些同学迎头赶上了。接下来就是一个我比较彷徨忙乱的时期。一方面我怀疑自己选择文科是否正确，另一方面身为班长有不少班务，又在进行将曹禺名作《雷雨》改编成英文短剧以参加外语节节目选拔的工作，同时也在考虑本科留学的可能性并着手准备托福考试，可谓身兼数职。不过还是老话说得好，兵来将挡，水来土掩，没有过不去的坎。我开始理清头绪，把当初选择文科理科时制作的利弊对比表重新审视了一遍，认为文科依然是正确的选择，就安下心来，尽快把之前浮躁情绪压下去，回归课本，从最基本的记诵做起，而不是停留在自己幻想的空中楼阁里。课余时间我就分块安排各项任务，那一个月是我成长路上从未遇到的忙，虽然跟各种大神比太过渺小，但对我自己来说已经足够让我联想到《子夜》中吴荪甫的"三线作战"了。这依然是值得感谢的一段日子，因为我三线都熬出头了。我胜任了从前从没担任过的班长一职；《雷雨》在后来的元旦文艺汇演作为唯一一个短剧节目登场，赚了许多人的眼泪，广受好评；托福成绩也相当优异；来文科的第一次期末考也重新证明了自己；寒假前的会考和SATⅡ我都打了漂亮的一仗。那个寒假真有一种拨开云雾见青天、风雨过后见彩虹的满足感。满足的同时我也做出了一个不易的抉择，在出国和高考间权衡利弊，结合实际情况，我发现在国内读本科是更适合自己的一条道路，就放弃了准备中的美国留学考试SATⅠ，完全回归到课内的学习中来。

高中时光恰如白驹过隙，不知不觉间高二暑假来临，我选择参加北京大学的体验营，潜意识的一个决定，当时还不曾希冀从此就和北京大学结下不解之缘。小时候也来北京大学玩过几次，然而如此近距离的接触真是第一次。古老的教学楼彰显着时代的气息，不大的未名湖倒映出百年的历史沧桑，我在博雅塔下仰望星空，深感路漫漫其修远兮。

感恩拥有　从心所求

　　高中最后一个暑假后回到厦门外国语学院，高三的学习虽然紧张但也有条不紊，我依然保持着高一开始的偶尔打打篮球和天天长跑的习惯。我报名参加了运动会的长跑项目，本来只是给文科班凑数而已，谁知一想到这是在厦门外国语学校六年运动会的谢幕演出，顿生豪情，拿到了名次，对自己、对同学老师都是一个惊喜。

　　很快就到了自招报名的时候，这次是毫不犹豫地报了北京大学，学姐告诉我寒假系统地进行准备就可以，她的一句话让我感触特别深，"认真准备不一定过得了，但不认真对待肯定过不了"，也许道理很简单，但是我真的觉得这是箴言。寒假是高考前的最后一个假期，所以不可能将全部精力投入自招，我就根据学姐的建议，白天复习高考，晚上准备自招，春节期间也热热闹闹过大年，其乐无穷。

　　顺利通过自招后，因为不再是"裸考"，所以过独木桥的压力小了。高三下半学期基本没有新的知识，进入了很程式化的"复习—质检—复习—质检"的有限循环，有时候会在走廊上迷茫地看风景，同学互相感叹"这样的日子啥时候才算完啊"，就这样一路感叹着就来到了高考面前了。老师们为大家铺了一条红地毯通向考场，在红艳艳的世界里，我们挥手告别无微不至关怀我们的老师，独自书写自己的前程。语文一直是我没把握的科目，起伏大，虽说考前花了不少时间专攻作文，考完的时候依然是心里没数。午睡的时候还一直在纠结，多亏了妈妈的开导，才渐渐宽心，向前看而非向后望。两天时间曾以为会漫长且难熬，身处其间却觉得还来不及回味就结束了。高考过后，大家清空抽屉，有些同学把课本练习大叠大叠丢进垃圾桶欢庆解放。不过想到它们都是自己努力的见证，我还是把"家当"都搬回家去留作纪念了。

　　后来毕业聚会、毕业典礼和谢师宴相继进行。我花了几天时间参与毕业典礼的筹划，才忙完就到了领毕业证的时候。离开学校的日子越近，对它的爱也就越明显。厦门外国语学校是一个特别棒的集体，老师既长于课堂教学又热心课后答疑，和同学一起塑造了一个自由宽松、多元选择又不失向上氛围的校园空间。课堂上可以自由地问老师问题，有时甚至可以发展成一场辩论。课后很多同学会把老师包围在讲台上探讨问题，老师都非常用心地答疑解惑一直到下一节课的老师进来才带着歉意的笑容走出去。课余活动可谓丰富，体育节、外语节、辩论赛、歌手赛、模拟联合国、学生社团等，不一而足，每个人都会找到属于自己的一方水土并在其间耕耘着、收获着。学长学姐们古道热肠，每年编写的年册和秘籍为学弟学妹提供了极其宝贵的经验介绍，涵盖了保送、自招、出国各个方面。我自己从秘籍中吸取了不少经验，了解了很多事宜，对我帮助很大。通过自招后，年册编写组邀请我写一份自招经验，我感到非常荣幸，立即提笔把自己所经历的情况细细说明，希望能对学弟学妹有所帮助，也愿这种"厦外人"的精神继续发扬。厦外的同学非常优秀，各有所长，在多种多样的活动里施展拳脚，校园生活异彩纷呈。在中学时代，同学朋友对我的成长起到了非常重大的作用，我们一起经历了很多事情，彼此之间感情深厚，可以说得上是同甘共苦，有分享、有担当。同学们一起策划班级的歌手赛，共同书写厚厚的班级日志，一起给同学过生日、送祝福，合作编写剧本，互相分享学习经验，讨论疑难问题，共同面对高考倒计时牌，风雨同舟，不离不弃。学习生活中挫折总是难免，而同龄人往往比长辈更能设身处地地理解，有一帮朋友依靠真乃人生一大幸事。

　　时间飞逝，高考放榜的日子和录取结果的公布相继来临，我如愿被光华管理学院录取。回望走过的十八年，许多欢笑，许多幸福，虽然也难免有些憾事，但对所拥有的一切已是非常感恩。正如我非常喜欢的老歌《风雨无阻》中唱道，"提着昨日种种千辛万苦，向明天换一点美满和幸福"。过去的六千多个日日夜夜诚然不算千辛万苦,未来的日子也还很长而且未知,但是十八年追随我心的付出得到了肯定,收获良多,我已深感幸运。且用 *Gone with the Wind*(《飘》)的最后一句话作结:Tomorrow is another day. (明天会更好。)

和于江老师在一起的日子
——回忆高中生活

> 他习惯于给学生充足的时间去思考、去感悟,而不急着讲解。每节课讲的知识和题目量很少,一般难度也不大(至少对我而言不太难),但是内涵丰富。有时问题比较复杂,他讲之前还会把答案步骤工整地抄到黑板上。我对于老师写板书的样子印象很深刻,他喜欢展示题目或解答的整体结构,而不是细节。

姓　　名:王坤

录取院校:数学科学学院

毕业中学:山西省实验中学

获奖情况:第 26 届中国数学奥林匹克(CMO)银牌

第 27 届中国数学奥林匹克(CMO)银牌

2009 年全国高中数学联赛山西省一等奖

2010 年全国高中数学联赛山西赛区一等奖(第二名)

2011 年全国高中数学联赛山西赛区一等奖(第一名)

毕业了,有些激动;要和于老师告别了,也有点伤感。我突然发现自己的文采消失了,只剩些最质朴的话语。三年高中时光,印象最深的就是和于老师学习数学的经历。急切地把毕业典礼时伴着泪水情不自禁地写下的文字敲到电脑里作为回忆录，虽然这并不必要，因为和于老师在一起的点点滴滴我都不可能忘却。

初中时就对于老师颇有耳闻，一方面是印象中于老师的学生参加全国数学奥林匹克竞赛的人数在山西是最多的，成绩也是最好的；另一方面是听几位学长说"于老师出的考试题很难"。这使我对于老师颇有好感。

初次见面

第一节课见到于老师，略显沧桑的面容，气宇轩昂的神情，坚定潇洒的步伐仍历历在目。我当时还没有意识到这位慈祥的长者会对我的高中生活和整个人生产生如此深远的影响，以至于坚定了我选择数学的道路。于老师的第一节课讲集合论的基础概念。也许和这个课题本身有关，于老师给我的第一印象是思维开阔、浪漫潇洒。我当时还没有意识到，恩师对我的人格会产生如此大的影响，使三年后的我在严谨、逻辑、踏实之中又多了几分浪漫潇洒的风采。于老师讲到"集合是一个不加定义的原始概念"时，要求大家对这一概念进行（感性的）理解，认识什么是集合。这也许就是所谓"数学感觉"与严密逻辑性的结合吧。还有就是于老师强调对数学概念的（自然性）理解，定义和公理、定理的体系，对数学体系的重要程度远大于解题技巧，这样的观念一直贯穿三年的教学。那节课于老师还提到数学的形式推导、表述规范性、符号体系、演绎逻辑推理的严密性要求等，这些都对我有很大影响。于老师还鼓励我发表自己的意见，独立思考并且提出看法或问题，给我很多机会在课堂上公开表达对数学问题的思考或者在课下和他交流（这占用了他很多时间，我们经常因讨论问题耽误了于老师用餐或者回家)。

参加联赛的鼓励

高一刚开学,马上就要进行联赛了,而我的基础还很差。我问于老师的第一个问题是 $f(x)=\sec x$ 的图像,第二个问题是为什么对相交两圆锥曲线 C_1、C_2,方程 $k_1C_1+k_2C_2=0$ 表示过两交点的所有圆锥曲线;如果 C_1、C_2 不相交,方程的意义是什么。当时于老师非常耐心、细致和深刻地回答了我的愚蠢问题,甚至由此引发给我讲了许多知识。我后来询问关于前 n 个正整数 5 次幂和的公式时,于老师问我是否知道 1 次、2 次、3 次和 4 次的公式,我回答知道。于老师又问我怎么推导出来的,我不会。于老师告诉我,一定要知道为什么,数学精彩和伟大的不仅是结论,更是过程。于老师耐心地教我推导 4 次幂的公式,然后让我自己推出 5 次幂公式。我不能熟练完成推导,于老师当时的眼神充满希望、肯定、慈祥和温暖。我还记得于老师用很长时间,安静耐心地等待我自己完成,并不时给予提示,让我类比他刚讲给我的递推方法。

高一联赛时是小雨的天气,于老师去了考场,虽然他的学生只有我一人参加考试。雨中的于老师仍然步伐潇洒,神态慈祥平和。我当时还没有记住一些三角形内的三角恒等式,正在记。于老师告诉我说:"不需要临时记了,即使记住也不能掌握如何使用。数学是要掌握一种思维方法,而不是记住一些自己也不理解的东西。"那次联赛我获得了省级一等奖,但没有进入前 40 名。尽管成绩不理想,但于老师还是鼓励我继续前进。高中的三次联赛于老师都到场,看着他的学生走进考场,用目光给予鼓励,在考场外守候着,守望着自己的学生。我三年里多次竞赛,屡败屡战,很大程度上是源于于老师的鼓励和指导。

课堂风范

于老师上课的样子很潇洒。他的讲义一般只有一页纸，上面抄几个问题（一节课一般是两个问题，竞赛课也差不多，一个半小时讲三四个问题，不太多），没有答案。于老师上课经常只拿着这一页纸（有时还有课本，但课本一般没什么用），题通常是讲课时现场做的。于老师写板书时面朝黑板，不看下面的学生，抄两个问题，让大家动手做，过很长时间才开始讲。抄题的时候右臂举得很高，看一眼题目，抄一句话，整道题写完了以后还要再审慎地看看抄得是否正确，非常认真。他习惯于给学生充足的时间去思考、去感悟，而不急着讲解。每节课讲的知识和题目量很少，一般难度也不大（至少对我而言不太难），但是内涵丰富。有时问题比较复杂，他讲之前还会把答案步骤工整地抄到黑板上。我对于老师写板书的样子印象很深刻，他喜欢展示题目或解答的整体结构，而不是细节。他讲解是尽量分析题目整体结构如何，该怎样入手，预计解题过程会有哪些步骤，每一步大体上会得到怎样的结论。这种从整体出发，设计解题思路，并在具体实施之时进行调整的解题方法，思维有条理，对我益处很大。于老师总是分析怎么解决问题，为什么要采用这样的技术，强调知识和技巧都是为问题服务的，观点较高会指引解题者选择运用正确的工具解题，而不是简单地讲每一个解答步骤如何。

共同研讨

还记得高一年级和于老师一起订正学校自编的练习册上题目命题和印刷的错误时的一丝不苟；记得帮助于老师讲课或阅卷时的情景；记得每节课和每次竞赛辅导听课时的享受；更记得高一年级的每个课间和自习以及高二高三两年每天在办公室和于老师讨论问题；记得于老师解释

爱的护航

一个复杂的不等式巧妙的三角代换,精彩的和式变换及出神入化的柯西不等式运用的目的;记得我们一起对一个有 12 个点的复杂平面点集的结构做出细致的分析;记得对一个关于球的组合几何问题应该细节上几何处理还是宏观上代数还原更合理,我们争论很久;记得我用好几页的篇幅最后模 37 解出一个不定方程以后兴奋地冲进教室告诉正在上课的于老师"我解出来了"时共同的喜悦;记得于老师分析完全四边形结构时的优雅从容;记得一个函数方程问题于老师源于"将函数表示为偶函数与奇函数之和"的巧妙代换;记得求一个抽象函数序列前 n 项和的一个表达式的绝对值在 $[0,1]$ 上的最值,我们讨论了一下午仍一无所获,我深夜解出后给于老师打电话,说次日早上给他展示过程,结果打完电话后我发现解法错误,于是一夜没睡研究解决了那个问题的执著;记得于老师用莫德尔不等式解决一个几何不等式问题以后把简洁的过程写给我看时纸上的整齐条理的推证;记得我们一起看完一个第一步用西尔维斯特定理以后还有 14 页篇幅的复杂的数论问题;记得那个关于整数集用算术级数之并表示的组合数论问题里 9 个引理让我们伤透脑筋,最后找到了一个问题的背景才解释了 9 个引理内在的联系;记得一个关于棋盘的组合最值问题我们构造的例子与论证能得到的结果相差 1 时,我们花了好几天时间思考为什么会出现这个 1 的差别;记得那个关于霍尔定理的问题,于老师教我怎么寻找图的变换和化简方式;记得我们一起计算一个关于复系数二次三项式的模最值的问题时于老师提出考察复平面上的两个旋转保模变换的高观点;记得考查一个多项式差分性质时需要一个组合恒等式,我们一起查找相关资料,在书籍与文献里穿梭的情景;记得对一个 18 支队伍 17 轮体育比赛的问题构造例子的辛苦;记得一个关于集合的问题于老师用阿贝尔变换巧妙还原为代数不等式时忽略组合细节代数高度抽象简化的潇洒……还有很多的例子突然出现在我的脑海中,我无法一一记录下来。但是和于老师讨论研究问题的时光是那么美好，难以忘怀。我还经常提出很多非常难的题目，于老师会抄下来带回家去想，无论想得出想不出，总会给我答复，而且从不拖延，非常认真。

还记得在江苏镇江的培训，在河北衡水的北方数学奥林匹克竞赛，在学校举行的西部数学奥林匹克竞赛，在北京参加的世界数学团体锦标赛，在西安举行的冬令营，还有我们一起去北京大学拜会柳院长……于老师和我们一起打扑克、爬山、登长城（老于爬得最有劲，跑得最快，我是个胖子，爬不动，还得老于拽着我……）、游览、参观颐和园、逛街、吃当地小吃、在火车或飞机上闲谈……于老师已经50岁了，毕竟不再年富力强，但还是经常陪我们一起参加比赛和培训。即使于老师确实有事不能陪同，也会尽力为学生的外出培训联系。于老师还努力邀请和促使国家队教练来我省、我校为同学们授课，为组织此项活动的工作付出很多。高一时的一个下午，于老师正在省里开会，突然打电话告诉我报名去天津参加冬令营培训。那时我水平还非常差，联赛考80分的我要和考280分的同学们一起听课，是于老师鼓励我有信心去学习。培训的10天里，由于教练讲的问题很难，速度又很快，我记不下笔记也不能完全听懂。每天下午5点下课，回到宾馆我就开始整理笔记，直到凌晨3点左右才能做完。不论其他同学怎么做，我都坚持必须搞清楚每一个问题。我觉得这是于老师对我的要求，尽管他从来没有说过。甚至在北国长春举行的冬令营上，虽然于老师有事没有同去，但考试时我似乎感觉于老师就在考场外等着我。第5题代数极值是我的弱项，问题很难下手，虽然是对称式，但是即使猜测极值何时取到也并不平凡。这时于老师的声音似乎在耳边响起："解决数学问题不要急躁，可以先试试几个简单具体的例子。"于是我尝试"$n=4,5,6$"的情形，发现了规律，得到结论并用强有力的调整法证明之。考试成绩出来后虽然没有获金牌，但我还是第一时间报告了于老师成绩。我知道于老师在等待着我的消息，但他不会给我打电话问我的，只会耐心地等待，守望着孩子们，企盼学生获得好成绩却从不说出，担心给我们压力。于老师从不对学生提出任何成绩上的要求，但我们觉得应该用成绩回报恩师的辛劳。

我经常去找于老师讨论问题，但有时于老师只是陪着我看完一个复杂的问题。我自己看的时候理解不了，但于老师和我一起研究时，即使没有作很多讲解，我常常就能看懂复杂抽象的证明或解决先前认为太过困难的问题。也许是于老师的目光中的慈爱、肯定和期待，同他给予的解题思路指导一样能使学生的思维活跃，有很多困难的问题我都是在于老师的办公室解决的。于老师不仅有足够的智慧和能力解决问题，还会耐心等待不太智慧的学生思考和解决问题。等待，期待，于老师的眼神和话语中饱含着认可和支持，支持天赋不佳的我一直走过来，并将一直走下去……

恩师教诲

于老师教导我们，在数学中严密性是很重要的。严格的定义、严谨的数学表达、严密的概念定理体系，以及完整清晰的论证解答步骤，数学学习的一切都需要严密。他特别强调严谨。这不只是学习的要求，更是学术的态度。尽管他也认为读数学可以而且必须有一些浪漫气质，但是毫无疑问，严谨态度和优良习惯的训练是必要和重要的。他强调哪些结果是基本的，哪些结果是由另一些结果派生的，每一个结果有什么价值，以及发现这一结果的过程的自然性等，而不是简单地让大家记忆并且套用。这一点是十分难得的，因为很多所谓的"大众教育"只是教一些简单的数学知识而已，而于老师的数学教育是从人格层面培养"数学人"。

于老师还很强调数学表达，以及符号体系的建立和应用。他教导我们，因为数学是形式逻辑，所以表达（形式上的展现）在数学中至关重要。表述要完整严密，因为数学上任何一个细节都可能会使一整套工作作废，这样的例子在数学史上屡见不鲜，养成严谨的表达习惯有助于避免这种错误。一般粗略地想一想很难预见到细节上可能遇到的无法解决的问题，而在数学上宏观的想法和每一步骤的细节同等重要。好的符号体系简明易懂，便于数学交流和推理的方便。因为高中阶段的数学十分浅显，所以这一点表现得并不明显。但于老师能从数学的本质出发，教育我们这样做，对我很有帮助。他举例莱布尼茨创立微积分时尽量选择最好的符号，并为此做出很大努力。注重规范的数学表述的习惯对我产生了很人的积极影响，培养了我严谨的思维品格。

于老师还从学习和科研能力培养的角度教育我，不仅要做题，还要善于读书、查文献、看别人怎样解决问题。读书，能看懂并学习作者的意思，是很重要的能力。这对我进一步数学学习，以至于将来的科研，都会有很大的益处。他让我读书时每隔几天和他交流读书的体会，要谈个别的印象深刻的题目或知识，也要谈整体的感受，甚至于交流对数学学科的理解。这种能力训练是很先进的，对我提高学习能力帮助很大。

于老师非常强调听完课或者做完一个问题以后的思考内化、总结和反思。他说，数学的总结反思主要有三个层次。第一是整理归纳知识、方法、结论、例子等；第二是深刻地挖掘和思考其本质思想和内涵；第三是融会贯通，达到一种感悟和理解的层次，进而达到一种感性的认识，一种内化为思维方式和人格的数学。于老师要求笔记不仅要记录讲课的内容，还要有自己的感想，也就是说笔记应该是老师的讲义经过个性化的重新创作以后得到的。这培养了我很好的记笔记的能力，高中阶段学习数学竞赛要在全国各地听名师的课，和全国的高手们交流，我记录下来十几大本笔记，一定会妥善珍惜保存。

于老师的平面几何解题水平最高，可说的上是出神入化，但他很少刻意强调自己擅长的平面几何。他教育我们数学的各个分支有关联也有差别，解决问题风格相异，但思维上有联系，观点常可以互相借鉴而产生新的发现，所以对各分支数学（甚至于哲学，文学等）都应该认真学习，热真思考，刻苦练习，不可偏废。这对我影响也很大，他并不是最擅长的组合数学我相对比较擅长，我平面几何的水平反而不太高。更重要的是于老师将不同数学分支的观点尽量统一，思维方式有共通之处，这使我获益匪浅。

  于老师对踏实的计算推理基本功和巧妙的思维或构造技巧并重。他特别强调基本问题和基本方法的掌握，深刻理解和熟练运用，要求大家沉下心来思考问题，方能感受到数学的本质，欣赏数学清晰简洁而有力的逻辑与形式美感。他认为解法巧妙（不是古怪）是一种美，朴拙也是一种美。有时比较笨的方法（比如解析几何、三角、复数解几何题，以及调整、利用导数，磨光变换等方法记证不等式等）可能更可以统一地处理一些问题。他比较强调方法的广泛应用，而不太重视某些奇怪的技巧。当然，他认为最重要的是思维方式，从特殊到一般，化归与转化，数形结合，寻找统一模型（算法或推理）等。

  升入高中前我就认识到数学有用，数学优美而深刻。于老师第一节课上告诉我们：数学好玩！其实我开始不太理解这个说法，觉得不够严肃认真，有点幼稚。但逐渐发现，于老师确实在用玩的态度做学问，信手拈来，无论多么宏大的理论在于老师的讲授中总是驾轻就熟，随意思考即是精妙解法。于老师的学问很浪漫、潇洒（当然同时也要求严谨踏实），想法有时天马行空，有时太简单以至于你认为这不可能有效，但精彩常常会发生。逐渐我做问题也开始"玩"了，这使学问不太劳累，很轻松。（又想起来王元老先生给数学竞赛的题词："数学竞赛好。王元"老先生真是天生的数学玩家，他的名字组合起来就是一个"玩"字——数学竞赛好玩！）

于老师不仅强调知识和技巧,更强调思维方法、方式和观点。因此他让我读读数学史,思考数学文化,看看杰出数学家的传记(另一位老师也给我提出同样的建议),了解一些著名的数学问题发展和解决的历程。这种更高层、更本质的数学学习对我的影响很大,教会我如何思考数学问题,以及(更深层次地)如何理解数学学科本身。

我的数学生涯

我对数学的理解,爱与执著在高中三年中逐步加深,主要表现在以下几点。

第一,逐步认识数学的内涵,有点数学文化了。在现在看来,数学是严谨演绎推理下形式逻辑的浪漫,研究的主要问题是存在性,存在的状态,存在的合理性。

第二,有了挑战难题的勇气。以前我对复杂度高、高度抽象和巧妙构造的数学问题心存畏惧,只喜欢按部就班地论证、演算。现在我更喜欢迎接学习和科研中任何困难,因为我不再只重视成果,也就不怕失败。

第三,享受过程多于享受成功的结果,也就是真正意义上的喜欢数学,而不是喜欢数学带来的成功。三年前我希望成为数学家,而现在我希望成为,并且已经成为"数学人",即数学工作者。英文里没有"数学家"这个词,只有"mathematician",也就是说并不刻意区分所谓"大家"做出的成果比普通"数学人"做出的更伟大(当然我们敬仰这种伟大),而是强调职业的类型。无论成功还是失败,做数学(用Grothendieck的话说是"make math")都是幸福的。

三年前,有幸和恩师相遇;三年后,并不是分别的时候。我们一起做了三年数学,而于老师的声音、目光及治学态度会陪伴我做一生数

学，数学使我们永远不会离别。我没有留给恩师什么纪念，因为我希望，也相信今后（也许是三年、五年、十年后）于老师会在数学领域的最新进展中看到他的学生的名字，我的每一点成绩也同时属于我的恩师。

另外，高中毕业意味着我作为学生的单纯身份即将结束，迈入大学校门的我不仅是求学的学子，同时也是数学的工作者。我没有权利永远贪婪地享受数学的美丽和精彩，我也有义务去贡献属于自己的数学成果。接受前人的知识就是欠下的债，这样来看我有义务还债了。我接受了最好的教育，同时也就接受了最沉重的责任，为了自己，为了恩师，为了数学。

感谢

我所取得的成绩均与于江老师的指导和付出分不开，再次感谢于老师！同时，为我最终成绩不佳，无缘国家集训队表示歉意！学生愚笨，三年时间未得恩师数学思想精髓十分之一，水平更不及恩师远甚，对恩师的付出无以为报，只能在今后的数学学习中加倍努力，在未来的科研中尽量多做出一些成果，以报答师恩。

解析数学，求导人生。九章算术，勾股量天。先生之风，山高水长！

两种愿望

人多么应该利用每一次考验突破自我。这也许是开篇问题解决的一个途径。当我到达生理和心理的负荷极限时,应该压缩出学习内容的精华,而非自己的吃饭时间。我一直是一个不折不扣的"好学生",成绩稳定。但高中以来,我学得很不轻松。数学是我的薄弱学科,文综没有把书读薄,最明显的是历史,甚至连最基本的时间线索都出现了问题。

姓　　名：陶瑗
录取院系：历史学系
毕业中学：北京市北京师范大学第二附属中学
获奖情况：北京市"三好学生"
　　　　　全国英语能力竞赛一等奖

一个人是否应该为了一个心爱之物而放弃另外一个?一个人能不能同时拥有两种相互冲突的美而不受伤害?

我的高三奋斗,其实就是对这些问题的回答。

考上北大的强烈愿望,让我在高二暑假提早进入了备战状态。每一天都过得充实而快乐。清晨不需要铃声将我叫醒,科目间的转换就算是休息,午饭总是让姥爷一叫再叫。放下笔,才听到夏夜窸窸窣窣的虫声，才尝到口中残留的淡淡茶香。在汗意和醉意中，我拨灭了台灯，门扉被轻轻掩上，心下揣摩着卧室的姥姥已然安睡，还是在侧耳细听这边的声响？

每一天，我都能感到自己的力量在一点点增长，随之而来源源不断的快乐之泉润泽着肥沃的心壤。零散的知识被体系的网络收紧，勾连成串，在脑海中埋下成行的种子，等待一年的耕耘后成熟，在金黄的阳光中被笑弯了的镰刀收割。

然而，太阳在空中大放光芒，星辉便会黯然失色。虽然近在身边，我和亲人们在一起的时间却只有一日三餐，而午餐和晚餐时我的眼睛又定格在电视上——关注时事。我的心底也曾生出一丝愧意，但这立刻便被融化在了追求梦想的炽热中。

同样被融化掉的是我的爱好。时间的海绵里剩给阅读闲书的水分越来越少，在心底的某个地方焦渴正在一点点蔓延。我懒得下楼，心爱的排球落寞地躺在晾台的一角。歌声也不再响起，继而在心中止息。干透的颜料在调色盘中裂成碎片，像老屋的墙皮一样剥落。但这一切与高考比起来几乎轻得没有分量。面对着迅雷下载里的长长一列课件，刚刚写上名字的天利三十八套试卷，一厚沓世界地理空白图，我雄心勃勃地订着每天的计划，语数英天天见，史地政两天轮。吃过午饭，感觉胃里消化的不是饭而是知识。闭目养神的时候听一会百家讲坛，总能从中找出与复习内容的结合点。

向梦想奔跑的第一段路上，我快意无穷。但我现在还在想，在冲刺高考的马拉松上，这是否是分配体力的最好方式。

高三真正开始后的一个多月，每天晚上睡觉不超过十一点。而后不知从哪天起，睡觉的时间开始向第二天逼近。一个月后，我第一次真正感到疲惫，而后渐渐地变成了一种麻木。在喘息的时候，我偶尔会打开随笔本，抚摸着漂亮的、我精心挑选的封皮，心情好像回到了从前。

两种愿望

"午夜熟褐色的天空,浓浓的,精致的,咖啡的颜色。孤月当空,燃烧着的一团白火。星星在眨眼,亦,在颤抖。枫树在卧室墙壁上落下他的剪影,地下供暖系统低沉的嗓音哼唱着,仿佛来自远古的声音在空气中凝固。生活如同昏乱的夜晚,每个人都神志不清。心灵在弥留之际,偶尔发出清醒的话语。"

有那么一段时间,我的心很久没有被感动过。当朋友们为一篇美文而惊呼赞叹时,我却只是微笑着点点头,看出它是 technically good。父母在客厅闲聊会遭到我暴躁的跺脚。在我低垂的眼皮底下,爸妈换着凉了的开水。每周末给姥爷姥姥打电话变成他们给我打电话。能想起来与朋友聊的话题只剩下学习。

写到没思路的时候,我打开自主招生考试的赠品——《就这样考上北大》。读着学长们在这段痛苦的日子里"左手竞赛,右手高考","仰望星空,展翅高翔",我得承认自己不是一个强者。我没有出众的聪慧,也没有过人的体力,却有一颗曾经易感的、需要时时浇灌的心灵。我需要性灵的生活。我需要读书,让文字启迪我的心灵,而不是课本上别有意图的说教;我需要音乐,让炽热的情感充满我的胸膛;我需要时间发一会儿呆,回忆最近和很久以前发生的事情;我需要多一些睡眠,过度的疲倦夺走了我的梦境。每天清晨醒来感觉身体和眼皮一样重。有的时候,我五点钟就从床上爬起来,做着昨夜没有完成的习题。爸爸说,每当他早上起来看到我坐在书桌旁,心下就会一沉。早起做题的连锁反应是拖延吃早饭的时间,即压缩吃早饭的时间。几分钟后,我一边提书包一边把脚踩进鞋里,嚼着鸡蛋和爸爸坐进车里。

我突然意识到,我的精力不仅仅在各个科目之间分割,从更大的尺度上,是在理性和感性之间分割。繁重的课业让理性的部分无限扩大,将属于情感的部分挤压得几乎窒息。我的心再也不能感受到爱了。放学之后我总是磨磨蹭蹭地收拾东西,和朋友慢悠悠、说说笑笑地走出校

爱的护航

门,全然不顾爸爸日复一日在校门口等待接我回家,从秋冬到春夏,风雨无阻。妈妈毫无新意的叮咛劝告被我的大脑自动识别为废话,进而被倒进记忆的垃圾桶。我忘了给请假的朋友多留一份讲义。其实不是忘了,是没放在心上。

其实我不是很在乎以后从事什么职业,我只想做一个心怀善良的人。考上北京大学的愿望是出于对完美的追求,但这并不是我人生的终极目标。我是否在犯一个本末倒置的错误?以爱和善良为代价换取一个梦想?

每一天,在不学习的时候,这个问题会一直盘踞在我的脑海,纠结我的心灵。在随笔本上我留下一篇讽刺、鄙视自己的文章。读着读着,我发现文字中的主语从一开始的自省的"我"很快变成咄咄逼人的"你",好像提笔的是我的良心。原来我在心里一直以良心自居,从来不敢面对自己的缺陷与卑微。

在调侃自己的同时,也顺便调侃一下高考。

"高考的好处在于它有时让你尝到做仙女的滋味。天上一天等于地下一年。高考抓起你的头发拎起来悬在半空,你舒展衣袖,作'风吹仙袂飘飘举'状,那是考完试片刻的放松。突然,那手一松,你像一颗炮弹似的头朝下栽到地下,'嘭'地发出一声巨响,扬起一阵烟雾,然后你现出原形——一只蛞蝓精。于是你幡然醒悟,继续兢兢业业地干你的本行——在学习的原野上把一团团的知识滚磨光滑。"

调侃的心情止于一篇叫做"今天"的文章,那是我每天晚上给癌症复发的奶奶写的话,虽然奶奶看不到。

"奶奶,北大自主招生考试中一篇现代文是'生命的滋味'。我无可抑制地想起了您。"语文考试中作文我写的是奶奶温暖的手。结果语文得了49.5。但我自己是没有办法的,面对作文题我除了奶奶什么都想不起来。

两种愿望

　　我是奶奶带大的孩子，十一年来除了短暂的间隔我一直和奶奶住在一起，按理说应该和奶奶最亲，而在初中之前也的确如此。然而，这是一个多么让我心痛的转折词，我竟然渐渐疏远了她！我不能把原因归结为家庭矛盾，而只能归结为幼稚无知，缺乏判断。生活久了，我们往往会夸大亲人的缺点，无视他们的优点。这也是我的悲剧的根源。

　　感情是很难被驾驭的。上高中前，奶奶搬到姑姑家住。两年多的时间，我竟没有一次主动打电话问候。而我终于克服了冷漠与愧疚时，奶奶已经没有力气接电话了。

　　我每天都祈祷上天能够延长奶奶的寿命，我愿意将我的一段生命嫁接到奶奶身上。但我知道，唯一能做的只有忏悔。我会在睡觉之前在心里对奶奶说一些我当面从没说过的话，也许她已经知道，也许因为我的懦弱，再也不能知道。但我还是希望她能在梦中，或是在最激烈的生死搏斗中，感受到我对她的爱。

　　奶奶是在自主招生面试那天走的。5点出头的时候，爸爸来校门口接我回家。车就要到家时，姑姑打电话说奶奶快不行了，我们赶紧赶往医院。日落时分，透过车窗，我看到太阳慢慢地向地平线坠落，最后的橘黄色的光辉绚烂辉煌。

　　"我现在还来得及向奶奶道歉吗？"

　　"来不及了。你不用道歉。奶奶是个宽宏大量的人，无论你做错了什么，奶奶都会原谅你。"

　　爸爸的手机铃声响了，我咬紧牙关，爸爸在告诉电话那头的姑姑要勇敢面对。

　　"奶奶刚刚去世了。"

　　我爆发出一声大哭，被爸爸止住了："要控制情绪，要坚强！"

　　医院。太平间。殡仪馆。这是一个漫长的程序，全家人陪伴着彼此走过。因为爱，不用惧怕死亡。电视上演绎出的令人恐惧万分的死亡场

面,此时却是那么平和安静。

现在每当我想起奶奶,依然会有很多愧疚,但充斥心灵的是爱,是暖,是抛却偏见之后对奶奶的理解和敬意。但我多么希望这不是以失去奶奶为代价。18岁,这个标志着长大成人的年纪,生活教给我如何面对亲人的离去,并让我重新开始思考生命的意义,以及如何去爱身边的亲人,去爱这个不完美但依然值得我们为之奋斗的世界。

奶奶病危的日子,是十几年来我与爸爸关系最好的时期。我们暂停了因观点不同而引发的争吵。我也不再粗暴地对待妈妈焦急的提醒。我的心里又充满爱了,生活从不缺乏感动。奶奶去世后的一周中,任何音乐都能使我的眼眶充满泪水,因为他们无不在赞颂一个伟大的、永恒的主题——有爱的生命。

三月、四月、五月,伤痛渐渐被时间安抚,与此同时另一波疲惫袭来。一模、二模之后,我进入了瓶颈状态,数学、英语在保持题感,文综三科在看最后一遍书,然而新的体悟却少而又少。历史在大量地做题,政治在大量看题,然而时常有题目不知从何想起,答偏答漏。每一天都在透支的边缘,一模之后,我出现了心慌的状况,妈妈焦急、绝望地哭了,大声呵斥我,强迫我休息,不再玩命学习,却只能使我更加心烦意乱,异常暴躁。爸爸虽然有着同样的担心,但他在一旁沉默不语。他相信我能以自己的方式取得最后的胜利,我也是这么相信的。高中三年,我曾经因为自负与懈怠马失前蹄,但在我勤奋耕耘过的土地上从没有歉收过。

我决定以我一贯的方式取得高考的胜利,就像在此之前的所有大考。

高考的两天平稳度过,自我感觉发挥得比较正常。可这次感觉欺骗了我。

看完分数,妈妈哭了。我躺在床上昏昏沉沉地睡去了。爸爸在用平

两种愿望

静的语调回复着接连响起的电话。这几乎是我高中考得最烂的一次,如果没有"市级三好学生"的加分,我现在就准备背着行囊去远方了。高考其实不完全是一考定终身,平时的成绩,与同学们的交往,还有良好的体育素质在关键时刻拧成了一根救命稻草,让我拽着它"爬"进了北大。

我知道了,人多么应该利用每一次考验突破自我。这也许是开篇问题解决的一个途径。当我到达生理和心理的负荷极限时,应该压缩出学习内容的精华,而非自己的吃饭时间。我一直是一个不折不扣的"好学生",成绩稳定。但高中以来,我学得很不轻松。数学是我的薄弱学科,文综没有把书读薄,最明显的是历史,甚至连最基本的时间线索都出现了问题。

高考失利,与其说体力不支,不如说是思维方式上的保守和懒惰,亦或是自负与怯懦。

我知道,大学是我突破自我的又一次机会,而且是全方位的。我希望能在北大的滋养下成为一个心智健全、成熟的人。不仅在学术上找到正确的研究方法,而且最大限度地发掘自己在各方面的潜力。更重要的是,让心中的爱永不熄灭。现在,我已经准备好重新审视自己所获得的"知识",让新鲜的空气流进我的世界,我的每一根血管。

曾经,为了梦想,我放弃了我所爱的和以为正确的事。我不想让它再度发生。里尔克写道:"我会思考,天堂是怎样的,死是怎样的。我们已经抛弃了我们最最宝贵的东西,因为我们手边有太多其他的事情需要去处理,我们总是忙忙碌碌,根本无法安安全全地把最宝贵的东西留在身边。所以在不知不觉中,时光已流逝而去,我们也习惯了那些无聊的琐事。我们再也认不出那真正属于我们自己的事物,并且为它那至高无上的宏大所震慑。"

我希望把我最最宝贵的东西留在身边,然而我的梦想在一旁大放异彩。我已经对这个两难问题做出了自己的回答，一个并不完美的答案。我会记得时常改进这个答案。每一个问题其实都是一个哲学问题，关于世界的本原，关于生命的意义。有些问题的答案需要我们一生去追寻。

学习上那些影响我的人

对我影响很大的高中班主任曾经帮过我很多，在我心浮气躁的时候用严厉的训戒压制我的躁动，在我心灰意冷时给我鼓励。她给我们最受用的那句口头禅"现在，该干嘛干嘛"不得不说有点"大智若愚"的感觉。她强调执行力，可以半个小时写完的作业就半个小时完成，写完就交，不允许拖到一个小时。为什么我们大多数人的起跑线是一样的，可是跑了12年，有人领先，有人落后，我认为执行力起了很大的作用。

姓　　名：李琛
录取院系：法学院
毕业中学：湖北省宜昌市第一中学

从小学到高中，寒窗十二载，迄今为止，十八岁的我生命的三分之二的主题几乎都是学习。无疑，对于刚刚脱离高三苦海的我们而言，学习似乎是苦闷，是淹没我们彩色青春滚滚而来的卷子，是堆满箱子翻了一遍又一遍的书本。然而在我看来，学习并不是"死啃书本"、日日算题、天天背书，它是一个网络，末梢覆盖周围的一切，不仅有我个人的思考，还有父母心血的灌注，老师悉心的教导，与同学讨论时摩擦出的思想的火花，甚至还有社会无形而巨大的影响，这一切的营养通过学习

的网络汇聚于我的大脑,如此方为学习。

摸索与熔炼

记得上高中特别是高三时,多次大考后开班会,都有优秀的同学上台发言讲述自己学习的经验和方法,尽管方法五花八门,但在最后老师总会提醒我们——适合自己的才是最好的。我认为每个人各方面的能力是不同的,而学习往往是多方面能力的运用,考试也是对多方面能力的考查,因此只有找到最"合拍"的楼梯,才能越走越高,而这个摸索的过程也往往并非一帆风顺,因为自己的情况也在不断发生变化,应适时调整航向方能避开冰山、驶向远洋。

就我自己而言,给我印象最深刻的是高中数学的学习。在高一时,我的数学成绩一般,到了高二决心在数学上有所突破,当时因为对很多数学题还没有太大的感觉,不是没思路就是跳陷阱,于是我决定多做题。当然,抱着《五年高考三年模拟》奋斗了一两个月就有效果了,特别是有些题见多了,写起来特别得心应手,可是这种方法的弊端也日益显露出来。随着课堂进度的加快,不仅是数学的负担越来越重,其他的科目也在加负,能挤出来做题的时间越来越少,而且题目做多了,反而有些麻木,不像起初还有做题的兴奋感。这种弊端导致的结果就是我在数学考试中成绩总是起起伏伏,考得好就需要"灵感"。于是我开始改变策略,缩量保质。首先是回顾原来做的题和自己改的错题,将同类题比较,并且思考解答的不同方法和易错点,然后再做一两道类似的新题加以巩固,并且写时要计时。这样比原来盲目做题效果好了很多,而且成绩也比较稳定了,特别是后面的压轴题,因为平时思考多,所以"灵感"来得快。到了高三,数学基本上就成了我的优势科目,此后我尽管还是很注重数学,却不用学得太累,可以将重点转移到"背多分"的科目上去。

　　这不过是我摸索学习方法的一个例子，寻找适合自己的学习方法不仅是针对某一科目而言，而且还有对于各科之间的全盘考虑。因为人的精力有限，总有一段时间我们将重点放在某一两个科目上，从而忽略了其他科目的学习，这样不平衡的发展其实对于优秀的学生来讲并不好，因为我们需要的是总分，而短板往往会拉优势科目的分，降低总分。所以，我主张学习时要认真分析自己的优劣势，对症下药，及时调整。

　　当然方法选对了只是找准了方向，要想真正成功还需要超强的执行力和毅力，这个过程对于十几岁的人来说并不容易，所以我说是熔炼，将不同的学习计划和方法付诸实践，在执行中调整，调整后又执行，并且坚持下去。

　　人是有惯性的，很多时候我认为我在跟同一个困难作斗争。比如，我从高二到高三有段时间练英语字，无论怎么写都是大小不一致，这似乎成了一道过不去的坎，在一定程度上制约了我作文的分数，尽管老师说过很多次，但我就是改不掉。过了高二暑假，我写大小字的毛病才有了好转，因为暑假期间时间比较充裕，写字才真正认真起来，以前总是听老师说了，然后心里着急，但行动上并没有太大改变，因为都已经形成习惯了，而到了暑假正视这个问题时，才开始真正想办法，比如把开头写好，后面严格按照那个大小写，其实做起来很简单。这当然只是很简单的一个事例，学习熔炼的过程真的很累，要正视自己的问题，还要和不好的习惯进行艰苦的斗争，这需要有外界的刺激、战胜惰性的勇气。

苦中作乐

　　学习中的苦很多，有晚睡早起的疲惫，课堂上和瞌睡的"战斗"，

 爱的护航

写作业时的不耐烦,考试时的紧张和抓狂,考试后难过却不想被同学看出,住宿生还要兼顾学习和生活。

既然无法选择上帝给的牌,我们只能选择如何漂亮地出牌。同样,既然我们无法改变高考的命运,我们只能选择以良好的心态来迎接这一安排。

当自己在成绩中起起伏伏挣扎到高三时,我还是无法完全让心情不受成绩的干扰,但我已经学会如何来看待这一切,当自己考得不尽如人意时,要想想所有人都经历过低谷,可有的人也过来了,如果情况持续不佳,那就放低对自己的要求,只要每次进步一点点就很好了。我在高二分班的时候考的成绩是很不错的,可是在高二上学期期末考试时掉到了班上中后。此后我一直很急,也很难过,一直对自己高标准、严要求,可是这样的结果是苦时多乐时少,而后来把要求放低,反而在心态最平和的时候考好了。

对于很多优秀的学生而言,很多苦都是自己强加在自己身上的,因为自己把自己看得太高,所以觉得摔下来会很疼,而且维持高位会很累,正所谓"高处不胜寒"。学习要想快乐跟做人是一样的,不卑不亢,强时须示弱,弱时须逞强。

除此以外,下课累了和周边同学闲聊一下,讲讲笑话,晚上下了晚自习和同学跑跑步放松一下也可以舒缓紧张的情绪。

我在平常生活中很喜欢和"志同道合"的同学聊天,吃饭时可以一起讲讲当天老师讲课时的笑话,互相损对方,或是在星期六晚上和朋友一起翻翻娱乐杂志,讨论明星八卦,这样虽然不是什么很高雅的娱乐方式,却很实用。

当自己一个人面对困难时会有种势单力薄的感觉,好像整个天都塌在自己一个人身上,而和其他人交流,无论是同学、老师、家长都可以产生很大的减压效果。有了心理上过不去的障碍,我一般不会选择一个

人死撑，不一定是和别人讲自己有多苦恼，只是和别人讲讲话，转移自己的注意力，然后找找乐子，再以平和的心态来解决问题，往往事半功倍。

言者谆谆

在学习、成长的路上，我非常感谢长辈们的指导和帮扶。对我影响最大的是老师和父母，他们的谆谆教诲不是蜜，也不是苦，而是清泉，言虽淡却分量十足，恰到好处地点到我的"死穴"，他们用那比我们长一倍乃至两倍的生命衡量着我们这个年纪的种种，以过来人的身份给我们指路。

对我影响很大的高中班主任曾经帮过我很多，在我心浮气躁的时候用严厉的训戒压制我的躁动，在我心灰意冷时给我鼓励。她给我们最受用的那句口头禅"现在，该干嘛干嘛"不得不说有点"大智若愚"的感觉。她强调执行力，可以半个小时写完的作业就半个小时完成，写完就交，不允许拖到一个小时。为什么我们大多数人的起跑线是一样的，可是跑了12年，有人领先，有人落后，我认为执行力起了很大的作用。往往是"今日事，今日毕"的人才会在同样的24小时干了别人48小时干的事，日复一日，年复一年，自然就领先了。因此，我很感谢老师一直跟我们强调执行力，督促我们战胜自己的惰性，直到我们自己习以为常。

相对于高中老师，小学老师更多是充当了启蒙者的角色，在小学开始时，我的成绩是很一般的，其他方面也没有什么很出色的表现，一直活得很自卑，但是三年级有个语文老师她鼓励学生勇敢表达自己，在日记中也常常写些很鼓舞我的话，她告诉我自信的重要性，不要太在意别人怎么看自己，虽然直到现在我也不能完全做到自信，但我认为自信绝

对是学习中必备的心态，只有自信才会勇敢地在课堂上展现自己，敢于与老师和同学讨论，自信的人才能勇敢暴露自己学习中的困难和缺点，然后找到方法解决。很多人对我说过，学习是为自己。我相信，只要把学习当作自己的事就会认真对待，自信才会学好。

老师换了一届又一届，但是父母对我的影响却是贯彻始终，特别是我母亲，她对我的教育方法也很有独创新意。我上小学时，她就注重培养我对学习的兴趣，并且和老师一起培养我学习的自信，她认为养成一个良好的学习习惯比学习的知识本身更重要，对于应该立即完成的学习任务绝不让我拖沓。这样到了初高中，我不用父母督促就能够自己完成学习任务了。到了初中，又上了一个新的平台，学校里高手如云，这时难免会产生自卑感，再加上我一向好强，当我的排名并不靠前时，总有一种挫败感，因此有段时间总是逼着自己学习，但是却又没有真正学进去，此时，我母亲面对着我并不理想的成绩没有斥责我，相反，她希望我不要跟别人比，而是每天审视自己有什么进步，在她看来，很多学习成绩好的人在某些方面比平常人有更大缺陷，学习并非唯一的出路，但是既然是一个学生还是该认真对待，哪怕不是最好，量力而行即可，不必过于在意结果，毕竟物极必反，如果孩子在学习中遇到挫折，还要再施压，很容易让孩子产生厌学心理。一直到考前的三四月份时，我的文综还没有太大的起色，甚至还有考倒数的现象，虽然我心急如焚，母亲却很轻松地安慰我走到这一步已实属不易，自己已经很优秀了，不要再逼自己。她还说家里并不觉得非要上什么名牌大学，只要尽力了，无论什么学校都无所谓，是金子总会发光，考大学只是人生中很小的一部分。她的话让我释然，此后我以平常心对待文综考试，重在找问题，冷静分析，对症下药，在五月份时文综成绩有了很大的进步。

总之，无论是老师还是父母，都是我们成长路上的导航，我们并不一定非要听从他们的安排，但是应该善于听取他们的意见，尊重他们的看法，再结合自己的实际情况，择其善者而从之，配合自己的思考，才能走得更精彩。

那些年一起走过的同学

其实在学习过程中我们接触最多的人便是同学，因为有了同学的帮助才能让很多学习中的小困难迎刃而解；因为有同学之间的相互讨论才能让难题越辩越明；因为有同学感同身受的体谅才能让我们在学海中同舟共济。

我认为，学习生活中如何处理和同学之间的关系对我们的学习也有很大的影响。首先，在学校里应善于向同学学习，哪怕我们是同龄人，但"三人行必有我师"，每个人的强势科目也不同，因此我觉得当自己在哪一门上比较薄弱时，向那一门的佼佼者取经求助不失为一个好方法，毕竟是同龄人，在同一个教室学习，比较容易产生共鸣。

其次，处理好和同学之间的关系要把握分寸，当然在小学和初中还好，学习任务不太重，同学之间玩得很痛快也很正常，但是到了高中，随着学习负担的加重，有些时候我们似乎不得不搁置友谊换来宝贵的学习时间。记得高三时上体育课，很多人把书带下来自顾自地背，把作业带下来写，但是其实这样的场外氛围并不太适合学习，效率往往很低，此时不妨和同学一起运动一下，打打球，既增进了友谊又锻炼了身体。当然，总是和同学腻在一起也不好，走向了另一个极端，只有在应该学习的时间保持适当的距离，确保不干扰对方也保证自己的效率才是合理的。

书山学海有同学相伴，珍惜友谊，他们也可以成为我们学习的助力。

漫谈十八年

> 犹记历史知识不牢固时，我会每天仔细精读两遍教材，在脑中回忆一遍，仍觉不妥，回家的路上给爸爸复述一遍。这样的自学，不仅让内容烂熟于心，还多了几分乐趣，收获许多方法。

姓　　名：李宛凝
录取院系：外国语学院英语系
毕业中学：黑龙江省佳木斯市第一中学
获奖情况：黑龙江省三好学生
　　　　　全国英语能力竞赛国家级一等奖

今日坐在电脑面前，恍惚间想起自己已经生活过十八年，现在的我，没有习题，没有考试，没有偶像，没有恋人，除却早已遗忘的幼时的记忆，十二年永远离不开"求学"二字。而求学又给了我什么？别人眼中，燕园来信似乎已经是最好的回报，但作为当事人的我总觉欠缺什么。望借此文捡拾我十八年路边遗忘的点滴，是为漫谈。

小学漫谈

昨日去接弟弟放学，熟悉的楼道，熟悉的桌椅，熟悉的戴着眼镜有些稚嫩的面庞，我想起我的童年，竟与他们如此相似。平淡的学校生活，平淡的补课生活，无用无趣的奥数，绞尽脑汁的作文，想必是大多数孩子童年的底色。一个人的成长需要过程渐进，如果说高中为高考努力学习，初中为高中培养能力，那么，小学最应该有欢笑、游戏，以及作为孩子应该有的东西。过早戴上枷锁，过沉的负担，会使之后的人生都失去抵抗风雨的能力。

初中漫谈

初中于我，是一所加油站，作为为各大学科奠基的阶段，初中地位尤为重要。理想的初中时光应为"三七开"，七分当然为学习，去除繁杂的偏难怪题，此时应该掌握的，是知识本身，而非过多的应用。初中的教育，从教材到老师，都应该培养一种对知识的神圣感，让刚刚从童年走来的孩子，看到光明的方向，因而反复而无意义的考背，填鸭式的练习，只会让神圣的知识变得庸俗，希望磨损为失望。三分为一切看似与学习无关，又丝丝相连的时间，课间十分钟，与同桌推心置腹，与同学上访下索；辩论赛、联欢会、艺术节、交流展，拓开埋头学习外不一样的学习生活；选修课、实践课、运动会，探寻你不一样的惊人才华。当你毕业，帷幕落下，灯光淡去，轰轰烈烈的三年，你已褪去幼稚，一张一弛，步步坚定，从而收获了最宝贵奔向下一场战役的武器——自信。

高中漫谈

相比初中，高中教育总体趋于平静，学习，成为每个人不可不谈的

头等大事。高考,确实是一场残酷的斗争,一段时间,没有什么可以动摇你,没有什么可以让你放弃,虽然过度渲染和强调,让我们的眼界胸怀和价值观有些畸形,但是,这一段方向感极强的时光,仍然是流血流汗值得怀念的光辉岁月。知难而退者有,自怨自艾者有,苦苦挣扎者有,放浪形骸者有,携手共进是梦中的期冀,自己能够掌握的只有自己。从这个角度来说,高中高考,又是一场心理素质大考验。作为一位刚刚经历高考的人来说,我站在支持高考的一方,我不说高考重要,我说它很便捷,能让你达到一种新的高度,新的经历,然后云开雾散。这些,当然不仅仅是进入理想大学所能带给你的,就高考本身,已经具备了这样的意义价值。再者,对于中国的文明习俗和国情,高考是选择进入高等学府最为公平的方式,一味追求效仿只会变得更为复杂难辨。我不否认在内容形式上加以完善,但是高考的精髓是不可轻易变动的。

自我上高中后,听到别人问我最多的话就是:"你是怎么学的?"就连我自己也是经常发问,远观大家都没什么差别,没起早没贪黑的,你凭什么。虽然每次都简单带过没说什么,但我还是有一些想法,与大家分享。

1. 独立

这里说的独立,不是强调吃穿住行的独立,而是学习上的独立。纷繁复杂的学习方法,名目繁多的习题方案,你是放任其中随波逐流,还是游弋其中专于取舍?这些方法大多都是对的、有效的,为什么有些孩子没有成效呢?总结起来,一为方法不适,二为方法过多,疲于执行。这时,就需要你的亲身判断,也是独立实践,因为没有人会和你情况完全相同。举个例子,我曾经尝试过贪黑学习,因为有前辈推荐夜深人静的时候学习最有效率,结果我是效率没来,哈欠连天,第二天没精打采,于是我果断把它抛弃了。方法也好,习题也好,都要诸如此类"以身试法",方可"得到真经",在这个过程中,又会慢慢了解了自己,从表面到深处。

2. 效率

这是个老生常谈的话题,老师会一直不停地说效率效率,但它对许多人来说只是一个抽象的名词,不知如何提高。对于我来说,效率就是对知识理解、记忆、应用的速度。课堂时间是黄金,作为文科生,政史地课堂是分秒必争的机会,新记一个知识,在课堂空闲的几秒,或是老师回头写字的几秒,默读默记几次,对文科的记忆大有裨益,配合定期在遗忘曲线期限内的及时复习,记忆背诵不必大费时间,就可轻松拿下。我推崇课上时间为上的原则,还包括课内自由支配的选择。已经掌握的知识,不必全心,只是遇上遗漏知识专心听即可,这样的方法在高三后期尤为有用,只有按自己的步伐走,才会感到踏实。俗话说:"全听老师话的是乖学生,不是好学生。"正是这个道理。

3. 自学

我的高中三年没有补过一节课,自觉在自学方面还有一定的经验。自学的前提,在全面认识自己、了解自己,不掺杂一丝面子的虚假,实事求是。课下、自习都是自学的黄金时间,详细明确的计划、锲而不舍的努力、善于反思的态度、举一反三的灵活,都是自学所必需的。犹记历史知识不牢固时,我会每天仔细精读两遍教材,在脑中回忆一遍,仍觉不妥,回家的路上给爸爸复述一遍。这样的自学,不仅让内容烂熟于心,还多了几分乐趣,收获许多方法。在自学的过程中,还要学会互助。身子犯懒,有同组的同学帮助监督,把自学的任务当成是作业,效果自然是更好。而自学整理的笔记、错题,都会是你求学一路走来的见证者,是你一辈子的财富。

4. 取舍

此举为公认尖子生最为欠缺的品质,因为好像放弃就是缺点,其实不然。取舍,是备战高考后期最为有效的学习方法。说到"舍",一为自己最强的学科,二来是自己最不好的学科中的一部分。最强的学科,往往是一个学生的天赋所在,你或许平常不怎样用力,却成果不错,这样到了高三后期你应有意弱化该学科,留有余地。有些人或许担心这样的风险,但并不是全部放下,并且发挥临场效应,自然不会拉分。舍掉自己最不好的学科的一部分,是因为时间不足、难以攻克,为何不舍?强调一部分,是因为每一学科都有基础分,做好基础,同样不会影响太多总分。站在分分必争的份上,取舍是考验考生权衡能力的时刻,不可忽视。

5. 专心

妈妈曾经和我总结学习经验,说到专心,是我最大的优点。家里没有烦心之事;校内,又不为鸡毛蒜皮的小事干扰;没有男朋友,省了情伤的时间;朋友大气和睦,生气极少。同时,我是那种再闹心只要投入都会想不起来,都会呼呼大睡的类型,当真是专一。不要小看情绪,一个烦躁的人和一个平和的人学习的效果截然不同。路边的野花不要采,只有一心一意,才能稳步前行。

感恩父母及恩师

人不可绝世而生存,打高考这场硬仗,父母老师功不可没。说到我的父母,两个词语概括:宽容、周到。想到家长会,许多孩子都会愁眉苦脸,但我从小到大从未有过,不管成绩好坏,我的父母从不因此而改变什么，适时的提醒让我成了一个主动的孩子，主动减少错误，主动承认错误，宽容宽松的环境让我幸福，让我面对所谓"狼爸""虎妈"新闻时嗤之以鼻，奇怪他们不明白宽容会让孩子更加主动，而不是被动成才。所谓周到，是高三一年，近乎"保姆"的照顾。说来惭愧，但是三餐顿顿讲究营养，各式的水果、牛奶齐备，让这个高三变得更加温情可爱，是全家人一生的美好回忆。

我的恩师，一个词概括：梦想。记得刚上高中时我很叛逆，对要填的成长方案啊、梦想规划啊很不耐烦。于是挥笔一填"北京大学"，下次轮到新年愿望时，写了"我想谈恋爱"。最后三年匆匆流去，后一个愿望杳杳无音，前一个确实是实现了，实在是令人慨叹啊。人向来是先说后才做，在我的反思书中，也频频"被"写理想：我看见了那个没有名字的湖，青青草香让你手中所捧的书中的文字一个一个变绿，然后活了跳了起来……拿到通知书的那天我想，为什么我不激动呢，为什么有一种熟悉的感觉呢？后来我知道了，在我的老师三天一提醒理想的时候，我的脑海中早就将其升华为我主动的能愿，仿佛戴上了没有拘束限制的翅膀，为自己开创奇迹。高考前的时间，人往往被感性占据，积攒三年的梦想，频频提及的梦想，是考场的镇定剂，帮助你打开一扇大门。

漫谈漫谈，一个上午已过，就让我以一种平凡的视角讲述一段平凡的经历，重拾沿途的光，点亮明天。

那些年我们一起走过

母亲奉行"先成人、后成才"的教育理念,注重纠正我的不良习惯,并以此形成自我反思、自我修正的成长模式。父亲虽然没有太多时间来教育我,但在言传身教中让我真切感受到了那份如山般厚重的爱。他奉行卢梭的教育理念,我也因此接受到"自然人"的教育,虽然为了应付激烈的竞争而不得不应试,但正因为父母,我才得以保留住自己的一些特长和爱好,并为之不懈奋斗。

姓　　名: 李彦亮
录取院系: 新闻与传播学院
毕业中学: 江苏省南京市金陵中学
获奖情况: 全国高中数学联赛江苏省一等奖
　　　　　　全国高中物理竞赛江苏省一等奖

我们就像风一样,经过万里追寻,终于梦圆北大;我们还将像风一样,在这圆梦之地潜心修炼,继续新的追寻……

◉ 那些年我们一起追寻的梦

一句"博雅塔下人博雅,未名湖畔柳未名",朴实地讲述着一个传奇:一所中国最古老的国立大学,不仅开辟出中国近代高等教育的新天地,而且绵绵不断地孕育着一批又一批最具有时代精神的新青年。谁都不会忘记蔡元培先生与群星闪耀的北大!北大之所以为北大,不在于一塔一湖、一流的硬件抑或其他,而在于其独特的包容与进取精神。曾记否,胡适、鲁迅、毛泽东、辜鸿铭……无论旧派人物还是新派领袖,在海内外、在天地间,都绽放着神奇的光芒,书写着华丽的篇章。

十年寒窗苦,万里风尘路。在万马奔腾的求学道路上,风雨曾经吹打着我们稚嫩的面庞,风尘曾经迷蒙了我们的双眼,但我们一直仰望着星空、遥望着北大,我们慢慢地变得成熟、变得清醒,我们坚持目标、孜孜追逐,今天终于圆了"北大梦"。

那些年陪我们一起走过来的父母

我们向往爱情、信任友情,但真正陪同甚至强迫我们寒窗苦读的是我们的父母。风行万里,亦应回首感念。

我家是一个父亲主外、母亲主内的传统型家庭,对我的教育自然以母亲为主。母亲奉行"先成人、后成才"的教育理念,注重纠正我的不良习惯,并以此形成自我反思、自我修正的成长模式。人是由父母带到世上的,但并非附庸与被附庸的关系;人总有一天会长大,会飞离家的窠臼,尽力去追求风行万里的自由生活;人总有一天会成熟,会自愿担负起责任,打造自己的小家,并开始全面理解父母。父母所能做的就是教育子女远离那偏离、扭曲的成长道路,这正是我母亲想要教我的,亦是我至今尚未完全悟透的。大多数人都曾厌烦父母的唠叨,但当我们真正感受到生活的繁杂、冷酷甚至残酷之时,或许便会在聒噪的言语下找到那份炙热而真切的爱。我父亲虽然没有太多时间来教育我,但在言传身教中让我真切感受到了那份如山般厚重的爱。他奉行卢梭的教育理

念,我也因此接受到"自然人"的教育,虽然为了应付激烈的竞争而不得不应试,但正因为父母,我才得以保留住自己的一些特长和爱好,并为之不懈奋斗。

我的父母白手起家,未从其父辈继承任何物质财富。为了这个家庭,为了我的学业与发展,他们放弃了部分梦想而不断积攒着微薄的薪资,以此支持我的学业,鼓励我学习自己喜欢的专业,追求自己渴盼的理想。正因如此,一直接受理科教育的我,勇敢地报考北大,优先选择我十分热爱的人文学科。社会的发展源于一代代人的付出,每一代人都有自己的责任与痛苦,正是一代代人的不懈付出,推动着中华民族不断发展。我们所有人身后都有先贤们期盼的目光,这些温润的历史力量,便是中国人的根。父母给予我的爱,同时也展示着最为朴素的民族传统,激励我向着梦想一往无前。

我们幸福,因为在那些无奈的岁月,有深爱我们的父母陪同我们一起走过。

那些年陪我们一起走过来的老师

我是个幸运的人,在我人生的每个重要阶段,都有温润且有爱心的老师陪我走过。正如韩愈所说:"师者,所以传道授业解惑也。"老师告诉我们如何求学,如何爱人,如何丰富自己的人生、活得幸福。教师是个十分高尚的职业,薪酬不高,但责任很重;要关爱学生,却总有一日将自己喜爱的孩子们送走;自己在一日日老去,却看到一批批青春的孩子们来来去去。正是这样的一些老师,呵护着、激励着我们健康成长。

小学时语文张老师尽力帮我养成良好习惯,她常说:"一棵树苗歪了,要是不去把它扶正,以后就是一棵歪树。纠正一个人的坏习惯,过程固然痛苦,但受益终生。"多年后回想,这正是卢梭的教育理念,让我们在孩童时代接受消极教育，不过度运用抽象概念进行教育，而是用教训的方式让我们记住哪些事情能做，哪些不能做，随着抽象思维能力不断提高，这些教训与习惯便自然而然成为是非观的一部分。

初中时我又遇到了一批好老师：数学刘老师、语文彭老师、英语吴老师、物理黄老师、政治李老师……他们各有特色但都有一个共同点：真心爱着学生。在这种氛围中，班级就成为了一个大家庭，所有人都能找到归宿、找到幸福。任何一个社会都有其美好的一面与丑陋的一面，但是团结友爱有着物质上无法匹敌的力量，一种唤醒人心的力量，一种催人奋进的力量。我们的这些老师们就是用自己的爱，让学生们相信美好的存在，相信人性的美好。

高中时我遇到了语文王老师，她虽然有着自己独特的个性和与众不同的教育理念，却能为了实现自己的理念而恰如其分地迎合世俗的要求。每个人都有自己独特的人格与梦想，在生活的磨炼中，有些人放弃了自己的梦想，向生活投降；有些人抗拒生活，甚至以死来证明自己对梦想的忠诚；有些人则与生活妥协，他们不沽名钓誉，用切实的行为去实现自己的梦想，在王守明的学说中这叫"知行合一"。三年来的言传身教，我对现实版的理想主义者有了深切体会，知道了怎样精心规划未来，如何适应甚至隐忍现实，直到实现自己的理想。

我们是幸福的一代，虽然十年寒窗辛苦，虽然有初涉世事的烦恼，但是有那么多一直深爱我们的老师陪我们一起走过。

那些年我们一起面对的竞赛

从小学到初中再到高中，竞赛一直与我们不离不弃，长达 12 年。在夜晚、在双休日、在节假日，我们一直围绕着竞赛而打拼，既有快乐也有痛苦，可谓五味杂陈。竞赛的确有利于我们对特殊学科进行专业性

研习，但我认为，这只适应于高年级学生，并且不应过多地集中在理科领域。

低年级学生参加的竞赛，大多为升学的附属品，是进入好学校的通行证，当孩子们围绕着以理科为主的竞赛而不懈地忙碌，围绕着升学这个指挥棒而不停地转动，就会长年累月在题海中沉浮挣扎，就会把理科等同于科学，把自己等同于解题的工具，也就很难坚信科学的美好。

人类的发展史就是社会与科技的进步史，需要科学、文学、哲学、艺术乃至宗教等各领域的共同发展。开展学科竞赛，就是发现学生的特长与爱好，培养其探究这个神秘世界的浓厚兴趣，增强其研究并推动社会发展的责任感。因此，竞赛应坚持文理交融、兼容并包的原则，把创意想法、哲学思索、文学常识等都纳入竞赛范围，或者作为综合素质评价指标，或许慢慢地，大家就会忘记纯粹的竞赛，而去将专业性研习作为一件快乐的事。

毕竟，生活绝对不是一场竞赛。

那些年我们一起探讨的学习

我们总是试图去合理安排课内学习、课外活动与个人爱好，但我认为这三者并不矛盾，无须取舍。

学习是什么？是为了什么？在我看来，学习的全部意义在于解除我们的痛苦，让我们获得真正的幸福。我们的痛苦在于心中的暴力，这暴力则来自于恐惧，来自于对浩渺自然的恐惧，来自于对有限生命的恐惧，来自于对纷繁复杂的社会生活的恐惧。客观地讲，我们的生活充满着困苦，可能时刻会受到自然的恐怖暴力与同类的冷酷无情。这时，先贤所遗留的知识给我们提供了一个避难所，可以让我们找到智慧、找到力量、找到安全感。在浩渺历史带来的安全感与代代相传的永恒感的共同作用下,我们这些凡夫俗子就敢于直面人生。培根说过:"读史使人明智,读诗使人灵秀,数学使人周密,科学使人深刻,伦理学使人庄重,逻辑修辞之学使人善辩;凡有所学,皆成性格。"无论什么学科,其设立目的都是在于完善我们的人格并舒缓我们心头的恐惧,用一句时尚的话说,就是在学习中提升我们的综合素质。

课内学习的特点在于其强制性,但也正是这些强制性学到的知识将伴我们终生。至于课外活动与个人爱好,则是每个人理想实现的途径与证明自己存在的最好的印记。在年幼时,我们并不真正明了自己的爱好所在,所以认真进行课内学习不仅是在学习知识,更可以帮助我们找到爱好所在。当我们成长,我们便应开始寻找自己真正的爱好,并据此爱好规划未来的生活,开展课外活动。真正决定我们生命质量的,便是我们能否找到自己的爱好所在,那种发自灵魂深处的真切的生命的爱,并穷一生之力研习爱好。希望所在,生命存焉;爱好所系,灵魂生焉。庄子曰:"吾生也有涯,而知也无涯,以有涯随无涯,殆已。"不少人认为这是庄子消极思想的代表,但庄周梦蝶、濠梁之辩乃至于其隐者生活,难道不也是一种极为睿智的学习吗?对于那些真正符合生命要义与发展真理的知识,我们真正应该"以有涯随无涯"。

这些年我们将一起继续追梦

踏进北大的校门,似乎就与"杰出"相关。在他人看来,北大的学子们都是杰出者,都有着辉煌的过去和光明的未来。然而,怎样的人可被称作杰出者?他要勤奋、进取、善良、宽容、无私……这世间并不存在天生圣人,每一位杰出者都是通过教育与修炼,慢慢地变得杰出。我们壮游无止,情寄北大,就是渴望接受北大的熏陶;我们风行万里,苦苦追寻,就是期盼经过北大的洗礼继续新的追寻。

壮游无止是中国古风。读万卷书，行万里路，方能砥砺自我、海纳百川。古往今来，无数的仁人志士壮游无止。太史公少年壮游，仗剑天涯，可谓雄壮；鉴真中年壮游，乘风破浪，可谓伟壮；孔子晚年壮游，周游列国，可谓悲壮。古往今来，无数的壮游之士星光闪烁。玄奘西行，琉璃佛法，行者无疆；老子骑牛，天生道骨，紫气东来；孟子游说，欲行儒纲，教化八荒。就连壮游天下但东渡日本未能如愿的杜甫，也在其《壮游诗》中慨叹"到今有遗恨，不得穷扶桑"。学子亦如游子，求学之路正如壮游之途，既要常怀感恩心，又要坚持目标、坚定信心，胸怀凌云志，笑对天涯路。

壮游之途，总会有风伴随，风与游子生性契合。游子壮游天下，长风壮行万里，都有着同样的自由、同样的清新、同样的砥砺、同样的追求。屈原在暴风之中兴叹楚都兴衰，曹操在长风之中慨叹老骥伏枥，刘邦在大风之中感叹"云飞扬"，毛主席在雄风之中赞叹"旌旗奋"……有位学者对风还给予更高的评价：风勾心神，心神随风，壮游就是风与心的融合遨游。柳宗元为晚风吹醒，老泪沾襟，故作"梦归"；李白为清风拂面，心旷神怡，故作"梦游"；曹雪芹为世风吹落，长叹奈何，红楼一梦。这些风云人物、旷世杰作及壮游之举，无不浸透着风光、风韵、风尘、风云、风雨、风霜、风暴……真可谓，拼搏在风雨中方显英雄本色，笑傲在风雨后才能见彩虹！

情寄北大，风行万里。在北大的校园里，让我们携起手来，共同在风雨中拼搏，共同追逐新的梦想……

平稳度过高中生活
——处理好"三种关系"

老师传授给大家的方法是被多少届学生验证过的,是经过多少位师哥师姐用自己的成功或失败经历证明了的正确的道路,我们为什么不相信呢?为什么还要自己另行一套呢?只有真正相信老师,你才能真正跟从老师的步伐前行;只有真正相信老师,你才能真正信服老师的知识,你才能从内心去无条件地接受与认可。孔子早就说过:"君子有三畏——畏天命,畏大人,畏圣人之言。"

姓　　名:刘东奇
录取院系:元培学院
毕业中学:山东省东营市第一中学
获奖情况:山东省优秀学生
　　　　　山东省优秀学生干部
　　　　　首届全国校园文学成果评比"全国优秀文学社"优秀社长
　　　　　第十届全国创新英语大赛一等奖

其实走过了高考才发现,高中三年真的非常单纯,只要处理好三种关系,度过平稳充实的高中生涯并在高考中收获一个满意结果,应该不

是什么难事。这三种关系就是学习上,自己与老师的关系;生活上,自己与周围人的关系(包括与同学、与学校管理人员的关系);还有学习与考试的关系。

关于这三种关系,我总结了三句话。

第一句,千万不要怀疑老师。

第二句,Never trouble trouble until trouble troubles you.

第三句,只管耕耘,不问收获。

自己与老师的关系

说白了,就是一句话:"只有信其师,才能亲其道"。高中三年,除了父母,只有老师和我们朝夕相处,只有老师对我们真正关心与爱护。考上高中后,进入一个完全陌生的班级,面对完全陌生的老师和同学,心里非常忐忑:"这老师能行么?""这老师看起来也没有什么了不起。"不安和质疑萦绕在心间挥之不去。

语文孙老师郑重其事地和我们谈心:"你们必须相信老师,而且只能相信老师,你们别无选择。只要大家认可和相信我,我保证大家的语文成绩110分以上,绝对不会让语文拖你们的后腿。"三年来,语文老师把繁杂的知识点分门别类地分解和融合在"早读—课前—自习"之间,每节课上收获一个知识点,日积月累,两年之后,听话的学生语文都过110,我考了133分。

历史陈老师告诉我们:"最好的方法就是背书。"刚开始,我不明白,可是,事实证明所有的知识都是在记忆的前提下而真正理解的,最好的捷径就是脚踏实地背书,大字小字都背熟,成绩真的是想差都难。这种最古老、最传统的方法也是最有效的方法。一年之后,文综一度在班里倒数的我，高考文综得了 211 分。

老师传授给大家的方法是被多少届学生验证过的，是经过多少位师哥师姐用自己的成功或失败经历证明了的正确的道路，我们为什么不相信呢？为什么还要自己另行一套呢？

只有真正相信老师，你才能真正跟从老师的步伐前行；只有真正相信老师，你才能真正信服老师的知识，你才能从内心去无条件地接受与认可。孔子早就说过："君子有三畏——畏天命，畏大人，畏圣人之言。"

自己与他人的关系

Never trouble trouble until trouble troubles you. 这是一位两次带出过省状元的班主任吴老师告诉我们的。这句话是他在刚上高三时送给学校的文科前 20 名，理科前 50 名的同学的。我把它翻译为"麻烦不上门，别自寻麻烦"。

高中的管理的确严格，但我想这对初中已经养成好习惯的我们应该不成问题。但如果大家遇到不适应的地方，不妨这么想：老师们的初衷肯定是为我们好，即使你认为这一制度不合理，遵守它对你也绝对不会有坏处；而违犯它可能会影响你的心情，给老师制造不好的印象，同时老师的批评教育还会占用你宝贵的学习时间。——毕竟，我是来学习的，不是来找麻烦的。

和别人相处更是这样，尽量减少不必要的争端，防止分散精力。学校大了什么人都有，和一些人你就是讲不清道理，那你就不要浪费时间去和他讲了，你就把他当"三季人"。什么是"三季人"？这个典故出自"子贡问时"的故事，故事如下。

爱的护航

朝,子贡事洒扫,客至,问曰:"夫子乎?"曰:"何劳先生?"曰:"问时也。"子贡见之曰:"知也。"客曰:"年之季其几也?"笑答:"四季也。"客曰:"三季。"遂讨论不止,过午未休。子闻声而出,子贡问之,夫子初不答,察然后言:"三季也。"客乐而乐也,笑辞夫子。子贡问时,子曰:"四季也。"子贡异色。子曰:"此时非彼时,客碧服苍颜,田间蚱尔,生于春而亡于秋,何见冬也?子与之论时,三日不绝也。"子贡以为然。

以前我看到那些不讲理的人我会生气,现在我不会了,我会想他们是"三季人",我就没事了。任何事情当你要发脾气,当你情绪很不稳定的时候,想一想"三季人",你就心平气和了。这个世界上"三季人"太多,越是不懂的人,讲话声音越大。如果你懂,那你讲话声音那么大干什么?

所以,与人交往的最好策略就是宁肯自己吃点亏,也要少和他人斤斤计较,因为相聚是缘分,互相珍惜才不会留下遗憾。

学习与考试的关系

"只管耕耘,不问收获。"这是我们这一级的分管校长张校长告诉我的,我永远感谢他。

我们一定要相信两点,一是天道酬勤,二是过程决定结果。这是规律。就像我们种树,春天来了该浇水浇水,夏天该施肥施肥,最后秋天不出意外一定结果。意外真来了怎么办?真来了那谁也没办法,我们控制不了,我们唯一能把握的,就是此时此地我们的努力。

在求学的路上,也许你认真拼搏,结果考试的成绩没有给你一个笑脸;也许你放松下来,结果考试的成绩给了你满意的答复,弄得你无所适从。那么，我们要做的就是面对这一切，风雨不动，确立我们切实可行的目标。

如果将理想目标比作金字塔的话，那么到达终极目标的路程就是一个建造金字塔的艰难过程。巍峨雄伟的金字塔，人类智慧完美体现的伟大结晶，事实上也是由一块石头一块石头垒造出来的。这一块块的石头就是一个个被细化了的目标，没有它们，作为终极目标的金字塔就不可能竖立起来。

因此，我们必须要有计划，将目标细化，而不是好高骛远。我们只求每一天、每一节课都能有所收获，这就够了。特别是高三的同学尤其如此。我高考前一个月就把最后 30 天的计划制订出来了，直到高考前 4 天还把每天的计划列得清清楚楚，由于最后 4 天全部是自习，很多同学都紧张得不行，请假回家的也有，身体不适的也有。而我把每节课要看哪本书的哪一章节，做哪几页习题都写得清清楚楚，根本没有时间去紧张。

没有远大目标的人注定不能成功，但是有了远大的目标却不善于将其细化，这样的人也很难获得成功。金字塔如果拆开了，只不过是一堆散乱的石头；日子如果过得没有目标，就只是几段散乱的岁月。但如果把一种努力凝聚到每一日，去实现一个梦想，散乱的日子就集成生命的永恒。

谁的生活始终风和日丽？谁没有过乌云密布、阴霾满天的日子？前面我已经写过，我的文综成绩也曾倒数，我也曾在期末考试中滑落几十个名次，我也怀疑过、迷惘过、惆怅过，唯独没有放弃过！高中三年必然会有很多迷茫和痛苦，但只要你坚持往前走，痛苦往往会在不知不觉中解决掉。即使命运把我们打倒一百次，我们也要第一百零一次站起来继续向他发起挑战，这才是真正的勇士。

总而言之，生命的精彩需要不断付出努力的坚持，需要持之以恒坚定向前走的信念，需要面对挫折和痛苦后百折不挠的勇气。生命的精彩只靠自己不靠别人。从来就没有什么救世主，想要活得精彩幸福，只能靠我们自己的努力。

最后送大家我很喜欢的一句话，只有当你们被自己的努力感动得泪流满面时，你们的生命才能叫做美丽的生命！

格万物之理，圆未名之梦

> 我们无所不谈，从广袤的宇宙到微小的夸克，从月亮的阴晴圆缺到奇特的全息照相，从电力场形式的相似性到统一场论存在的可能性……每次交流之后，总是感觉到心胸开阔，眼界更加宽广。

姓　　名： 吕旭东
录取院系： 物理学院
毕业中学： 山西省山西大学附属中学
获奖情况： 第28届全国中学生物理竞赛决赛三等奖，复赛山西省一等奖第二名
　　　　　　第27届全国物理竞赛复赛山西省一等奖第十七名
　　　　　　2011年第十届全国创新英语大赛全国三等奖
　　　　　　第十二届全国中小学生素质英语知识能力大赛二等奖
　　　　　　第十二届"语文杯"全国中学生作文大赛省级特等奖

说起结缘北大，就不得不说物理竞赛。正是对物理的执著热爱与追求，最终帮助我实现了在北大学习的梦想。在学习物理的过程中我认识了北大，并被燕园所深深吸引。

初识

当我第一眼看到物理，便迫不及待去探寻她的冷静与疯狂、美丽与

混沌。

初中的物理课，应该算是第一次接触正统的物理。虽然简单浅显，但正是从那时的兴趣开始，物理吸引着我去广阔的天地中探寻它的神奇。

在此要特别感谢我的初中物理老师于老师，是她将我领入了物理世界的大门，引领我去发现其中的奥妙。于老师有一个特点，就是她特别注重启发我们自己发现、自己探索。她鼓励我们多观察生活，多提出问题。每每我们向她提出各种稀奇古怪的问题的时候，她既不是因为问题与课堂无关而敷衍，也不会急于做出解答，而是会鼓励我们自己分析，或者自己动手，自主探究找出问题的答案。记得有一次，我们由书上的一个问题引出对自行车轮胎充气装置的思考，她便引导我们找来实物，自己观察其结构，分析原理。虽然初中所涉及的问题和知识并不复杂，但是我个人认为那种特别宝贵的对物理的热爱和钻研探索精神，却是从那个时候开始培养的。

其实，不论学习什么学科，从事哪一项活动，我觉得培养自己的兴趣都很重要。很多时候，在漫长的追寻真理的过程中，陪伴一个人度过黑暗、迎来黎明的，就是兴趣。

追逐

一旦认定，便锲而不舍，为之陶醉，为之痴狂。

升入高中，综合多方面因素考虑，我选择了物理竞赛。在我做出决定的时候，我就想过这也许会是一条充满艰辛的道路。在我的前辈和学长中，很多人书写了成功的辉煌，而更多不为人知的是失败的惨痛。

然而，我从未后悔，既然决定，就尽全力，金榜题名并不奢望，无愧于心才是追求，从中获得快乐即我初衷。

还记得那个炎热的夏天，整个专为物理竞赛而开设的自习室坐满了或低头沉思、或奋笔疾书的战友。没有一点躁动不安，让人觉得即使在这样的气温下，心还是静若止水。还记得在晚饭时间大家一起讨论今天各自完成的题目，氛围既有各自观点针锋相对时的紧张激烈，又有得出结论时相视一笑的轻松愉悦。每每这样的讨论，必定集思广益，大家收获颇丰。还记得孙老师在考试前的一番叮嘱，语重心长，细致入微，安抚了每一颗不安的心，让每一个即将上考场的同学自信倍增。

学习物理竞赛的日子虽然艰苦，但却很快乐。曾遇到一些题目，思考良久，不得要领；也曾遇到心情的低落，巨大的压力使我难以专注。每到这样的时候，都自我暗示要静下心来，集中注意力。有的时候，我也会独自到校园的操场跑步，几圈下来，大汗淋漓，心情反而开阔。但是，在物理学习过程中，得到更多的，还是从其他地方无法获取的快乐。物理本身就是充满美感的。在这里，我瞥见了拉格朗日分析力学的谨严之美；在这里，我初识了麦克斯韦电磁理论的简洁与统一之美；在这里，我看到了夫琅和费实验中条纹蕴含无限变化又不脱离规律之美。

带着快乐，经过不懈的努力，我取得了一定的奖项。高二年级时，我获得了省级一等奖，全省第17名，高三年级获得了省级一等奖全省第2名。在决赛现场被北京大学物理学院预录取。

在物理竞赛的道路上一路走来，艰辛坎坷必然是难免的。可以说选择了物理竞赛，便选择了风雨兼程，没有付出是很难有收获的。但是在学习物理的过程中得到的知识，体会到的快乐，让我觉得，这一切都是值得的。

相伴

追梦的行程中，相伴而行，便不再孤单。

爱的护航

在学习物理的过程中,我认识了很多志同道合的朋友,结下了一段段深厚的友谊。在相互鼓励的过程中,增强了自信与克服困难的勇气;在分工合作、资源共享中,提高了学习的效率。

初中时,我结识了同班同学——"领导"。"领导"为什么叫"领导",很多人已经不记得了,但是他机智聪敏、风趣幽默,深受大家的喜爱。当时我便和"领导"成为了亲密无间的好朋友。进入高中,我和"领导"都选择了物理竞赛。因为爱好相同,在一起交流的机会便日益增多。

开始初学时,我们在一起制订学习计划。比如说现阶段可以看哪一本书,进度怎样安排等问题都会在一起交流。每日晚饭时间和放学回家的路上,就可以交流今天遇到的问题,解题过程中的心得。有什么好的见解、好的方法,都会毫无保留地向对方介绍,有时候还可以在交流中发现自己想法中的一些小的疏漏。我们无所不谈,从广袤的宇宙到微小的夸克,从月亮的阴晴圆缺到奇特的全息照相,从电力场形式的相似性到统一场论存在的可能性……每次交流之后,总是感觉到心胸开阔,眼界更加宽广。后来,有位较为著名的老师来学校讲课,作为高二的学生,我们和高三的学长一起参加了培训。因为水平有限,当时的课程在课上还不能完全消化,于是每日课后,上课的内容就成了讨论的话题。一般情况疑问会得到及时解决,如果讨论得不出结果,也会去请教学长或者老师。到了备战的时候,有人一起共同学习对查漏补缺有着很好的作用。两个人还可以相互激励,使我们都从对方那里得到力量。

和"领导"在一起总是充满欢声笑语。"领导"的诙谐中总是带着智慧和哲理。他的学识和人格让我十分佩服,和他在一起学习、生活也让我从他那里学到了不少。他的脸上总是挂着灿烂纯真的笑容,和他在一起久了,我也能够以更加积极的心态去对待生活。

相互促进中,我们都取得了很大的进步。在高二时,我们均取得了省级一等奖，名次都在前三十名。在高三的竞赛中，我进入了省队，而"领导"没能晋级，于是开始备战北大的保送生考试。作为好友，我在准备全国赛之时，也一直在关心着"领导"的情况，"领导"也时常鼓励我积极备战。全国赛之后，我马上想到了帮助他，让他也能顺利进入北大。我尽自己所能，帮他收集一些资料，了解一些信息。最终，成绩揭晓，"领导"名字赫然在列，此时心情溢于言表。让我们高兴的是，终于可以在燕园续写我们的友情了。

除"领导"之外，物理竞赛让我遇到的知音还有很多。大家在一起互相帮助、互相学习，非常真切地感受到那份纯真的友谊和十分单纯的快乐。

其实，作为个体，人的认知能力、学习能力、创造能力可能会有局限，但是如果人们能够聚集在一起，成为一个团体，那这个团体所能爆发出的能量很可能远远超出每个人简单的算术加和。这就是我们在学习过程中要讨论和交流的原因。可以看到，当今的很多学术研究成果，都是由几个人甚至相当多人组成的团队共同努力产生的结果。不仅在学习上是这样，我想今后的工作生活更离不开与人的协作。

指引

黑暗中的航行，总是因为一座灯塔而改变命运。它让船校正方向，扬帆远航。

充满激情的讲课风格带动着台下每一个人都随她思索，随她探寻；渊博的知识，风趣的语言，让她在学生中成为焦点；新潮的思想，不拘泥陈规的性格让她在这群年轻人中备受欢迎。这就是孙老师。

孙老师是我的物理老师，也是学校物理竞赛的总教练。第一次见到孙老师的情形还历历在目。孙老师有些发福，头发略微有些卷，但是人

看上去特别精神,特别潇洒自信。在之前就对孙老师的讲课风格及她所带出的学生的成绩有所耳闻,所以第一次见到她的时候我是怀着一种仰慕之情的。

后来我发现孙老师讲课的特点除了激情之外,最重要的是很重视知识体系,内容十分有条理,并且每一个细小的问题都讲得十分透彻。例如,在讲解用电像法求解一些静电场的问题时,她不仅告诉我们如何使用电像法,还对电像法的推导过程及其合理性运用静电场唯一性定理作了解释。这样使我们对这一等效方法和其适用的范围有了本质上的认识。孙老师这种从本质上,从基本概念、基本原理出发解释问题,逐步得出了较为复杂的结论的思想在我以后的学习中产生了深刻的影响。我认为这是一种非常好的逻辑思维习惯和认识问题的方式。

孙老师对我产生的另一个重要的影响是,使我培养了严谨的思维和表述习惯。在最开始学习物理竞赛的时候,我总是想更快、更方便地得出问题的答案,很多时候都不在意过程的推导及步骤的书写。每次测试,我都会因为中间步骤的缺失有的题目即使得出了正确的结果也不能得到满分,甚至有的时候因为推理的不严谨在中间就出现了疏漏从而得不到问题的正确解答。孙老师看过我的几次测验的卷子之后,帮助我分析了问题所在,并使我认识到这个问题不解决的话很难进步。她建议我找来历届的复赛试题,自己仔细推导,认真书写步骤,在做完之后与答案对照看看哪些是核心步骤,哪些是可以去掉的赘述。我觉得老师说得十分在理,于是马上找来题目和专门的笔记本开始照做。这样推敲步骤是一个比较累的过程,而且进度也推进得不是很快。但是经过一段时间后,我发现我的思维确实变得严谨了,并且在解题时书写也变得流畅,速度提高了很多,因为过程不完整而失分的现象减少了很多。我觉得做这样的训练是特别有益处的。

孙老师不仅在学习上关心我们,在课下也和同学们有着良好的关系。同学们遇到不顺心的事情,很多情况是由于成绩的波动,去找孙老师,老师都会耐心地开导。虽然与老师在年龄上有差距,但是在交流的时候感觉似乎没有什么障碍。大家和老师无所不谈,每次谈完,都感觉海阔天空,又充满了斗志。复赛考试的前一天,为了舒缓紧张的心情,几位同学找到老师,和老师畅谈了一个下午。可见,孙老师在生活上也会对同学们进行积极的引导。

高二的时候,我想为即将到来的物理竞赛做准备,但是在很多人看来,与高三的学长同场竞技,取得好的成绩的可能性很小,所以不鼓励我以物理竞赛为重。我把我的想法和别人的看法告诉孙老师后,孙老师不像其他人那样反对,而是出乎意料地表示十分相信我的能力,鼓励我认真准备,不要懈怠。既然老师这样相信我,我觉得自己应该做出一些成绩来,不能对不起老师的信任。于是我更加努力地备战,更加耐心地总结归纳,最后在考试中发挥出了自己的水平,考出的成绩比一些高三的同学更好。在物理学习的道路上,很多次都是老师坚定的目光、激励的话语,使我坚定了信念,一直脚踏实地地走下去。

在我高中的物理学习的过程中,能够遇到孙老师这样的老师,我感到十分幸运,我发自内心地感谢孙老师对我的指导和帮助。

圆梦

曾经的魂牵梦萦,终成今日的真切,湖光塔影,倒映出内心难以平静的波澜。

第一次游历燕园,是很小的时候了,那个时候只是耳濡目染,知道这里是中国最著名的高等学府。走进北大,看到来来往往、匆匆而行的哥哥姐姐,对燕园的印象也就定格在了在建中的理科楼前莘莘学子行色匆匆这样的画面中。

真正地被燕园所吸引是在物理学习的过程中，我了解到了北京大学深厚的底蕴与自由包容的姿态。在物理学院的老师和学生中，曾有叶企孙、吴有训、吴大猷、杨振宁、李政道这样的令人敬仰的人物。很多物理竞赛中脱颖而出的优秀的学长学姐们也都选择了燕园作为自己发展的平台。自此，燕园梦在我心中生根发芽。

此后，在北京学习之余，有幸重游燕园。这一次，我真正感受到了这里的包容，这里的自由，这里的人文之风。清晨，漫步在未名湖畔，一个个晨读的身影是那样充满活力，朝阳映在脸上，是那样美好。校园里总是有不同的肤色、说着各种各样的语言的人，有的骑车疾驰，有的缓步而行，但是所有这些都被完美地融在了这古老的校园中，多样而不失和谐，繁荣而不失秩序。印象很深的就是到午饭时间，可能与拥挤有一定关系，很多人坐在路边端着饭盒，他们并无抱怨，而是露出开心的神色，与边上的好友交谈。这样温暖的校园，成为了我梦想有朝一日能够到来的地方。

在决赛现场，我幸运地被物理学院预录取。梦想成为现实的一刻，在心底一次次地欢呼："燕园，我终于要来了！"努力最终还是得到了回报，我终于可以成为未名湖畔晨读的一分子，来收获梦想了无数次的晨光。

我觉得，每个人都可以拥有梦想，有梦想就应该用行动去追寻。当梦想实现的时候，你将收获莫大的喜悦。

我喜欢物理，也喜欢北大，能够进入北大物院是我的荣幸。希望在物院的四年过得充实、有意义。也希望和我一样对物理痴迷、对北大热爱的同学能够来到物院继续追寻自己的梦想。

感谢一路上有你

 爸爸却依然为我打气:"这一次的滑坡并不能否决掉你的实力,只能说明在这段时间别人冲到了你的前面,这刚好也为你敲响了警钟,让你看清楚现在的局势。只要不是高考,都能让你积累经验,分析好原因,整理好心情再出发!"

姓　　名：罗志薇
录取院系：心理学系
毕业中学：湖北省宜昌市夷陵中学
获奖情况：2008 年全国中学生英语能力竞赛九年级组二等奖
　　　　　2009 年全国初中数学联合竞赛一等奖
　　　　　2009 年第 19 届全国应用物理知识竞赛二等奖
　　　　　2009 年全国中学生英语能力竞赛高一组二等奖
　　　　　2010 年全国中学生英语能力竞赛高二组三等奖

　　初与北大结缘是在 2011 年的暑假,当我正为最后的高三冲刺做准备时接到学校通知,我有幸获得了参加北大优秀中学生体验营的资格。提着行李箱,坐了 20 多个小时的火车,我第一次到达了春运期间在电视上出现过无数次的北京西站,开始了一周的"北大之旅"。在博雅塔下、未名湖畔留影,在图书馆寻找宜昌地志,在大礼堂欣赏话剧……短短的七天时间,我心中的北大从一个高不可攀的梦想渐渐变成了充满自

爱的护航

由与活力的学习殿堂,我在北大那具有标志性的西门许下愿望:一年后我一定要重回燕园,在这里挥洒我的青春。2012年7月29日,我终于收到了来自北大的录取通知书,夹杂着喜悦和兴奋,我终于能大声地喊出:"北大,我来了!"

This is a story about a girl named Lucky.

18年来,在我人生的每个重大的转折点,我都幸运地选择了最适合自己、对自己最有帮助的一条路。这也是最终我能实现梦想、步入燕园的重要原因之一。

幸运之神第一次眷顾我是在小学六年级时的一次聚餐时,爸爸高中时的英语老师建议我去当时颇有名气的宜昌外校读初中,每年两千多人报名只招200人。抱着试一试的心态,我报名参加了外校的入学考试。小学时我是班上极少喜欢数学的女生之一,从三年级起就主动报了奥数班,每个周末和一群男生抢着算24点,也因此我的数学成绩是各学科中最拔尖的。我以很轻松的心态参加了考试,没想到居然考了全校第五,而一直喜欢的数学也拿到了非常高的分数。一次机缘巧合让我成功进入了外校,也正是这一次重大的转折,让我在初中就习惯了在校住宿和有晚自习的生活,让我在进入高中时少了那份茫然与不适,对自己的学习生活能做到合理安排,利用好每一分钟。初中三年不仅让我养成了高效率的自主学习习惯,更培养了我独立自主的个性。

幸运之神再次降临是在中考前。在班上我的成绩并不算拔尖,但十分厉害的同学都考入了武汉的高中,而我则很幸运地获得了保送的机会,因此在中考前多出了两个多月的空闲时间,我也借此机会提前预习了高一的课程、背了些英语单词。现在回想起来,我其实应该去参加中考,毕竟那是高考前唯一一次大型考试,是一个很好的锻炼机会。但我并不后悔我选择了一条看起来更简单的路,因为适当的放松也是生活中很重要的一部分。

进入高中,又是一场新的挑战。当我一遍遍地核对网站上的申请表,担心我的初审会通不过时,我从没有想过自己能获得北京大学自主招生的加分资格。高中三年,我并没有花太多的精力在各种竞赛上,所以深知在自招的考试中我不会有很大的优势,再加上学校每年参加北大自招能通过笔试的人太少,我对自己更不抱太多的信心。但是在考试前我不断用一句话激励自己——尽最大的努力,做最坏的打算。上考场时,我十分平静,居然答完了所有的题目,虽然物理三道大题没一题会做,但还是把自己能想到的全写在了答卷上。出考场时,我自豪地告诉陪考的爸爸:"我把我能写的全都写了,反正我尽力了,结果就不重要了。"一个月的等待,当成绩最终出现在电脑屏幕上时,我飞快地冲到父母房间,告诉他们这个喜讯,虽然我的物理只拿了50分,但我知道我的努力没有白费。这次意外的惊喜让我对剩下来的一百多天最后冲刺充满了信心,我想说我是幸运的,我抓住了每一次机会,但不可否认,每一次机会背后都有我的坚持和汗水。奥普拉在斯坦福演讲时引用了B. B. King的一句名言:"The beautiful thing about learning is that nobody can take that away from you.(关于学习,最美好的是任何人都无法从你身上把它夺走。)"正是这句话在高考前一直激励我,让我能实现愿望,再次踏入燕园。愿幸运之神一直与我相伴,而我也不会辜负它的期望。

Dream Large, Weed Carefully

在大多数人眼中,高中意味着每天熬夜学习和永远写不完的资料,事实有时候的确如此,但只要拥有一套高效的学习方法,你也可以很轻松地度过高中三年。我就是一个比较典型的例子。整个高中，周末我在家几乎很少写作业，并不是因为作业少，而是我总是选择在学校完成后再回家。每天下晚自习后，我几乎不带作业回家，除了高三后期偶尔睡前复习一下英语笔记和浏览作文素材，回家后几乎没碰过书。我对努力学习的定义并不是用每一分钟学习，而是用好学习的每一分钟。

首先，一定要提高学习效率。我爸爸在学习上对我唯一的要求就是把握好上课的四十分钟，所以我的听课质量非常高，老师讲的听一遍就能懂，在做题中应用也比较快。也是出于这个原因，我的效率非常高，每天除了完成老师布置的作业，几乎能在多余的自习时间里完成和老师布置的量同样多的课外资料，不仅积累了更多的做题经验，也大大提升了我的做题速度。

提高学习效率的方法因人而异，我也只能以自己为例简要分析一下。第一要选择合适的学习地点，我不喜欢在家学习的一个重要原因就是家长的关心有时反而会打扰到我们的节奏，而且我自己可能会抵不住诱惑上上网、看看电视，所以我建议如果周末作业不是很多可以选择在学校完成，如果偏多的话，可以选择去附近的图书馆或者提前回学校写作业；第二是有安排地学，每周可以制订一个小计划，特别是针对弱势学科和比较难的章节，做一下补充练习，这样总复习时就不会太吃力；第三是学会各学科交叉学习，缓解疲劳感，我比较推荐的是文理科交叉，比如数学和英语交换着学，让大脑的不同部位交替运转会比较不容易累。

另外一点是要准备改错本和积累本，这对后期复习特别有用。语文可以积累不熟悉的字音、字形、成语、病句、文学常识和答题方法；数学要分题型积累答题技巧和易错的细节；英语主要是完成句子的错题和作文句型；理综主要是自己易错易忘的知识点和十分经典的题。在这里一定要强调的是本子一定要经常翻阅整理，让记在上面的东西真正记在心里。

在应考方面，第一是要会审题，可以通过做标记等方式勾出重点和易忽略的细节，这样可以节省很多时间。第二要学会放弃，当一道题想五分钟还没有头绪时一定要学会放弃，而且在做后来的题目时不要总是往回看，只有在平时的小考中养成这种心态，在面临紧张的高考时才能拿到尽可能多的分。第三要对自己有信心，特别是面对计算量很大的题目，一定要一次算完，除非是最后还剩检查的时间一般不提倡回来再算。这一点在今年湖北省的高考中就显得特别重要，这次高考的数学选填和理综化学计算量都特别大，可是我硬着头皮一口气都算了下来，当时想就算没对几个，也比空着强，但是最后对答案的时候发现大多数都是对的，所以一定要有算到底的决心和信心。

高考三分考实力七分考心态，前面的无数次月考模考都是为高考积累经验，所以一定要把每次考试当作高考一样对待，只有这样才能在真正面对高考时有一个平静的心态。

Because of you, I strive hard for what I want.

每天晚上放学回家，总会看到爸爸在校门口等待的身影。在车上，我们一起听着广播，谈论着一天里学校发生的各种鸡毛蒜皮的小事，正是这种被陪伴的感觉伴我度过了高三，虽然平淡，但却为我浮躁的心提供了停泊的岸。

回想起高考结束后，我和爸爸骑着自行车在江边飞驰时的样子，他似乎一直在我身边扮演着朋友的角色。小时候，爸爸总会隔三差五地带着我去电影院看最新上映的大片，因此我也渐渐爱上了电影，上次去北京还特意在王府井书店买了当年我特别喜欢看的《冷山》的英文原版；初中时我又迷上了英文歌，于是每次去音像店，他都会挑几张英文歌碟

在车上放；高三时，我看起了《生活大爆炸》来缓解压力，没想到他周末有空时就会和我一起对着那几个科学宅男傻笑……所谓的代沟在我和爸爸之间很少出现，他总是试着去走进我的世界，让我拥有了一个挚友。

只看结果，不看过程，这是爸爸对待我学习的态度，虽然我一直觉得他这样太现实，但这确实给了我很大的激励。高一下学期他承诺只要我考进年级前三暑假就带我去上海看世博，当时我觉得自己能上复旦就不错了，所以很想去上海参观一下复旦，再加上世博会如此难得的机会，于是我在期末考试前制订了详细的复习计划，提前几周进入复习状态，在期末考试中终于如愿以偿考了年级第二，在上海度过了一周愉快的假期。盲目的物质奖励形式的鼓励方法其实不值得提倡，但如果是用一次旅游的机会来让孩子去看看外面的世界，参观一下理想中的大学则是一种比较有效的策略。

在高考前最后一次大考中，我的成绩从比较稳定的年级前三陡降到十名开外，我的心情自然一落千丈，但爸爸却依然为我打气："这一次的滑坡并不能否决掉你的实力，只能说明在这段时间别人冲到了你的前面，这刚好也为你敲响了警钟，让你看清楚现在的局势。只要不是高考，都能让你积累经验，分析好原因，整理好心情再出发！"在仅剩的六十几天中我又恢复了斗志，几次小考中学校虽未公布名次，但班主任还是通过电话告诉了爸爸，我的状态已经恢复到了以前的样子，我的自信心也一点点找了回来。6月7日，在与爸爸击掌告别后，我自信满满地走入了考场，勇敢地迎接高考。

感谢一路上有你，如一颗伴生树陪着我成长。以前，你陪着我走；现在，我陪着你走。

感谢一路上有你

Without relaxation, life is colorless.

在夷陵中学有一个传统,就是每周两节体育课,一节体活课,到高三也一样不变。想到读初中时,开运动会广播中总是放着请初一、初二的同学下楼,初三的只能在教室里顶着噪声刷卷子。但在夷陵,高三学生仍可以上场为班级争光。正是因为学校对体育运动的重视,我们才能在紧张的复习中稍微喘口气。高三时几乎每节课我都会和好友打一打羽毛球,虽然技术不行,打完后全身一股汗味,但却让我又充满了活力,不再死气沉沉的。高中课业虽然紧张,但绝对不能把体育课当自习课上。高三一年,我们不仅需要顽强的斗志,健康的身体也是非常关键的。每年到冲刺末期,总有很多同学因身体原因请假回家,不仅身体上不好受,还严重影响了备考心态和复习节奏。所以在高三一定要珍惜每一次体育锻炼的机会,这并不是浪费时间,而是享受生活。

"Cause Baby you are a firework. Come on and show them what you are worth!"这首来自 Katy Perry 的 *Firework* 是我一直留在 MP4 中的歌曲。音乐,一直是我中学生涯中最重要的减压剂。每天早晨洗漱时我总是放着音乐,帮助我彻底醒来,要不是每天睡前有音乐的陪伴,我不知道要有多重的黑眼圈。但也有过一段时期,我把午休的大部分时间拿来听歌,导致我下午精神特别差,只不过后来我改掉了这个坏习惯。长期听英文歌也使我对英语学习更有兴趣,背了很多歌词,也通过背歌词掌握了很多新单词。在娱乐中学习,这是音乐教会我的重要一课。

提到英语,就不得不说我最钟爱的美剧。在百日冲刺的前一天刚好是我一直在追的 *Gossip Girl*(《绯闻女孩》以下简称"GG")的第 100 集,看完这一集后我就跟它说拜拜了,这也是高考前我放弃的唯

——一个爱好。有很多人曾经问我，到底是什么一直激励我不断向前。其实很大程度上是因为这部美剧，虽然它讲述的是美国纽约曼哈顿上流社会富家子弟的生活，但其中的 Queen B——Blair Waldorf 的那种"I'm the best of best."的态度让我深受感染。或许跟别人比我总有不足，但跟自己比的话，我一定要把我能做到的做得更好，正如我的座右铭——Sky is my limit.（只有天空才是我的极限。）GG 为我的高中生活注入了轻松和快乐，提醒我把英语当做是一种交流工具而不是考试科目，更重要的是他让我确定了人生的信仰。所以我觉得三年来我投入到 GG 中的时间和精力是值得的，它对我的意义不仅是一部电视剧，更是一本教科书。

最后不得不说，高三一年是最容易让我们与世界脱节的一年，特别是对于理科生，平常几乎不会关注新闻报纸。但我觉得不管学习有多紧，都应该抽时间关注国际形势，这一点要非常感谢我的父亲，每天上下学他接我的路上都会收听广播中的新闻，每晚回家他也会允许我看二十分钟的 CCTV－新闻或者 CCTV－2，这让我在高三一年的苦苦奋战中感觉到自己不是一个人在战斗，我仍是"地球村"中的一员，在一定程度上也缓解了我的寂寞感。

学习和娱乐并不是对立的两面，重要的是我们要学会选择，选择对自己有积极作用的活动，而且一定要注意量的控制。如果能做到这两点，你的高三就不会太难熬。

Final Thoughts

踏入北大的校门，我们告别了未成年，迈向人生的成熟。白衣飘飘是属于我们的词，透明的青春是尘埃中最绚烂的花，在不经意间，自由总会进入我们的生命，就如 FUN 在 *We Are Young* 中唱道："Tonight We Are Young. So let's set the world on fire. We can burn brighter than the sun（今夜我们正年轻，将世界点燃，令骄阳失色。）"我想大声地向世界宣告：从这一刻起，我的青春我做主！

最后，送给未来的学弟学妹们——明年的此时，我们在北大等你。

感谢父母,感谢恩师

我的记忆里,父母总是微笑着告诉我"你最重要的是玩"。当周围的孩子被父母"遣送"进各种各样的补习班,我却可以在家里自在地学习自己喜爱的任何知识、做自己喜欢做的任何事。父母认为,学习是一生的事业,热爱学习比学到知识还要重要。他们认为,学习应该给我带来快乐,并且告诉我每个孩子都是聪明的,相信我也有着很好的学习能力,在无比信任中培养我的自觉学习意识。

姓　　名:倪笑君
录取院系:社会学系
毕业中学:上海市复旦大学附属中学

谁言寸草心,报得三春晖——我的家教

我深爱我的父母,感谢我的父母。漫漫求学路,父母始终是我坚强的后盾。他们用无私的爱,为我的健康成长营造了宽松融和的家庭氛围。

我生长在轻松自由的家庭环境里。对自己幼年的记忆,留存在父母拍摄的大量珍贵录像里。有那么一段,令我百感交集。画面里是幼小的

感谢父母，感谢恩师

我刚学会用剪刀，我躲在房间一角，兴致盎然地剪着自己穿在身上的漂亮裤子。我没有注意到父亲就悄悄躲在不远处。父亲不但没有责骂我，反而用摄像机记录下了这"珍贵"的场景。当别的孩子大多在父母的督导下，开始牙牙学语吞咽起所谓英才早教的苦果时，我的记忆里，父母总是微笑着告诉我"你最重要的是玩！"当周围的孩子被父母"遣送"进各种各样的补习班，我却可以在家里自在地学习自己喜爱的任何知识、做自己喜欢做的任何事。从小到大，我没有参加过哪怕一堂课外补习，这得益于父母对学习的独特见解。父母认为，学习是一生的事业，热爱学习比学到知识还要重要。假期里父亲忙于工作，母亲则在工作之余，带我周游国内外各地，陪伴我感受地球脉动。父母从来没有对我施加学习压力，他们认为，学习应该给我带来快乐，并且告诉我每个孩子都是聪明的，相信我也有着很好的学习能力，在无比信任中培养我的自觉学习意识。他们自己也非常热爱学习，引领我去惊叹、去发现、去热爱课本之外更广阔的知识海洋。

相较于学习成绩，父母更注重我的身心健康。从小，父母就在意我保护眼睛和牙齿。得益于此，我从未有过龋齿，眼睛不近视，对我取得的体育好成绩，父母总是显得特别开心。父母的鼓励，给了我巨大的力量，高中阶段，我在学校运动会上先后赢得了五枚金牌，一枚集体赛银牌。住校时和家里打电话或者放学回到家，父母不会过问我的考试成绩，而总是问我"今天在学校过得开不开心"。我一直能感受到自己是被父母爱着的、关注着的，这种爱与关注使我保持了对求学的自信和顽强，为了不辜负父母无私的爱，我发自内心地想着要不断完善自己、追求卓越。

父母对我的想法大都很支持。只要觉得有益我的成长，就尽其所能积极配合。中考后当晚，我突发奇想要开始"商业实践"。那晚正和父母在外用餐，我对偶然看到的一则"格格屋租格子售卖商品"广告大感

兴趣。和父母一商量,他们当即表示支持,我就兴致勃勃地循着广告去和商家商谈租赁事宜,第二天就投入了店铺的经营中。这两个月的"开店"经历让我学到了很多课本以外的知识,受益匪浅。又比如,暑期里当我想在小区贴广告做家教辅导,父母便夸赞我的勇气;当我冒出理转文的念头时,母亲亲切的一句"那你就转吧",让我鼓起勇气向学校提出转科申请。所以,每当我有想法时,我就敢于并且乐于跟父母沟通,从不把想法埋在心底。

父母给了我世间难得的家教,我真幸运!我由衷赞叹我平凡而伟大的父母。

借得大江千斛水,研为翰墨颂师恩——我的恩师

我深深感谢陪伴我一路走来的老师们。我不会忘怀恩师的谆谆教诲,是恩师引领我走上了知识的圣殿。限于篇幅,这里我只能记述复旦附中的两位恩师。

我遇到最好的老师是我高三年级的数学张老师,他的出现彻底改变了我对数学的看法。张老师上课时循循善诱,举一反三,把枯燥的数学题讲解得生动有趣,经他点化,常让学生有茅塞顿开、豁然开朗之感;张老师对教学满腔热情,他对数学的热爱深深感染着我们每个同学,听他的课实在是酣畅淋漓的享受;张老师面对同学们不如意的数学成绩从来不责备,而是以他的和蔼可亲、启发鼓励,呵护着文科同学心中对数学的眷恋。每堂课后,张老师都"时刻准备着"回答学生的提问,很擅长通过通俗易懂的答疑让学生受到启发。老师是否受学生爱戴,在细节上就能一目了然。每天中午,张老师的办公室里始终有学生在提问、在和他交流,教室里的同学们还自觉地"排队",从办公室回来一个,下一个紧接着去;拍毕业照时,大家争着吵着都希望张老师能够在自己身

感谢父母，感谢恩师

边合影留念。高考前压力难免有些大，当我告诉张老师我的焦虑心态时，张老师却说他以前高考前夜也是焦虑得睡不着觉，说临阵紧张不会影响发挥，说这是正常的，一席话霎时间让我安下了心。张老师不仅培养了我对数学的兴趣，更让我找回了学习数学的自信，这在我的高三学习中起到了至关重要的作用。我真的真的非常感谢张老师，也希望像他这样的老师能够越来越多。

我高三年级的班主任陈老师极富个性，是一位以"严厉"著称、教学经验非常丰富的优秀历史教师。我和同学们无时不领教着陈老师的"厉害"。哪怕是一道 15 分的历史小论文，她也可以让我改上四五遍；如果班级考试成绩总体不理想，她就把全班留下来，一个个面批试卷；她会煞费苦心地把通常的题目改难，打造成自己独特的一套卷子，并在每一页都标注清楚"×××版权所有"；陈老师甚至收集全国各地名校近三年的历史选择题，每周厚厚一沓让我们做，这已成为高三一年历史课程不变的主旋律……哪个同学在哪一次考试中如果发挥失常，都难逃她的超严厉批评，这一招很神奇，往往下一次这个同学就会乖乖地考得出乎意料得好。其实，陈老师心里怎么舍得孩子们苦苦折腾在题海里，陈老师多次流露出对现有教育体制的无奈，高考分数几乎决定了孩子们的前程，为了每个学生的将来，她在竭尽心血。高考前的班级聚餐，她怕我们在外吃坏肚子，班级聚会陈老师自掏腰包请全班在学校食堂里吃晚餐，把用餐环境装点得如烛光晚会那般典雅优美，并且亲自为大家端盘子，忙里忙外；陈老师爱和同学们夸耀自己无数次送考吵架的"光辉经历"，每一次和学生吵起嘴来，无非是要让自己粗心大意的学生不得有半点失误影响高考……我敬佩和爱戴这样的老师。我明白，陈老师的苛责严厉，没有丝毫对学生的厌烦，她以她独特的方式，表现了作为老师的无私奉献，"可怜天下老师心"啊。回首三年高中生活，我发现我的所有老师都是那么敬业，对学生那么关爱。在老师们爱的沐浴下，我

得以来到未名湖畔深造,令我今生难忘。

进入北大,回望目送我的恩师们,千言万语汇成一句:"老师谢谢您!"我也衷心期待能够在北大这座知识圣殿遇到更多的好老师,引领我扬帆远航。

爱是成长的力量

孩子说，妈妈是唇间所能发出的最甜美的呢喃；诗人说，父亲的眼是我遇到最深的海，父亲的肩是我遇到最广的天；我更想说，爸妈，您是爱，是暖，是希望，是人间的四月天。因为我懂，母爱、父爱是比爱情更深刻、更温柔的情感。

姓　　名：沙凡
录取院系：外国语学院
毕业中学：江苏省南京外国语学校
获奖情况：2011年全国中学生数学竞赛江苏省一等奖
　　　　　　2011年全国中学生物理竞赛江苏省三等奖
　　　　　　2010年获武术"全国三段"称号、江苏省校园武术比赛银奖

七月，注定是梦想开花的季节。七月，从北京寄来了装有录取通知书的沉甸甸的邮包。它给予我的，不仅仅是欣喜和感动，更有一种被选择的庄严感和深沉的使命感。今日之精英与明日之栋梁，今日之思考与明日之奉献，都将在北京大学这片自由的土地上成长。那是一所我向往已久的知识殿堂，也是燃着理想火炬指引我前进的灯塔。回望这拼搏的半年，是一段辛勤奋斗、披荆斩棘的路途，一路上虽有挫折却始终有着父母师友的支持与鼓励。

这一路上,有过太多为追逐梦想流下的汗水、泪水;有过太多灰心气馁又斗志满怀;有过太多钻研求索终于倏尔腾飞!这一路上,我懂得了"梦,是蝴蝶的翅膀;爱,是成长的力量"。正是梦想,给了我振翅的力量;正是爱,给了我腾飞的可能。

这一路,有太多的"关于"想细细回望,关于我的父母的支持鼓励,关于我的个人心态的调整,关于我几年下来累积的独家经验方法,关于母校老师独特人性化的教学理念,关于我这半年来对于人生很多事情的思考……这些"关于"结合着我关于整个高三曾经拼搏的美好的回忆,都一起整理整理,一起呈现在这篇文章里吧。诚然,走过一段路,经过一些事,是时候驻足回顾,是什么,给予了我振翅之美,是谁,指引我累积了离地之力。

关于老师独特的教学理念和教育方法

回忆起母校——南京外国语学校,心怀千言万语的感谢。在南外六年总结下来,我能够自主学习并逐个实现我的阶段性目标的原因,应该就是学校独特的教学理念和老师们创新与传统并行的教育方法。

外界对南外的教学氛围的评价用了"轻松"这样一个词,有失偏颇,我觉得更应该用"民主、人性化、自由"这几个词来形容。

先说说民主,这是从校长认真听取四面八方的建议毫不摆架子,到班主任将班级大小事宜撒手交给学生处理,再到学校各种外联活动在负责老师设计好框架后由学生部长和同学亲自填充好细节并最后呈献给全校师生这许许多多的方面都能展现的。举个我自己的例子吧,在半年前我校保送政策刚出来的时候,关于一些细节我觉得有些不妥当,这关乎同学们在保送时的公平问题,于是我单纯想着要提出自己

爱是成长的力量

的声音,也未多考虑,就进了学校的行政楼校长办公室打算把我的建议说给校长听。敲敲门,推门进去,看到董校长正忙,就跑到楼下找保送处王主任,一五一十说给她听以后,王主任一脸慈祥地说:"小姑娘,你的想法是好的,可政策已经定下来了啊。"我没有灰心,在王主任的带领下再次走进董校长的办公室,当时的心理活动特别有趣,想到自己在南外学习生活了六年,居然是第一次进校长室,不禁有些羞愧。在我简单介绍自己的身份之后,董校长点点头,说:"小姑娘,你先坐下来,不急,慢慢说。"在一五一十把想法说给董校长听后,他拿出了一张纸,按照我的建议把原来方案的纰漏进行改进,并配合演算和总结,但他毕竟没有掌握保送的很多细节规定,所以没太明白我的意思。这时,上课铃声响了,王主任在一旁说:"快去上课吧,别迟到了。"结果董校长说了一句特别触动我的话:"先让这小姑娘把话说完,她提个建议心是好的啊!"当时我就觉得,在南外,总有一个途径能让每个学生都有发言权,在一定程度上真真正正地是学生当家做主。细细想来,这样的理念,对于培养学生的主见、独自处理问题的能力无疑都是有很大的正面影响的。

再说这人性化,让我感触最深的是师生关系。那不是紧绷着的自上而下监督管理关系,更像是友情般的鼓励支持关系。我最想感谢的是我高一的英语老师周文,那时候我的英语口语不够优秀,有时遇到生僻的表达方式会愣很久,甚至会让听者丧失兴趣。就在对于英语的小自卑和整体坚持中度过了高一的上学期,期末写评语的时候,我自然把"青春的证明"那本成绩册交给了我认为最活泼,上课有氛围、有意境的周老师填写。不同于以前看过的千篇一律的"职务—性格—展望"三部曲,她在评语里写了很多真实的想法和对我的期许,比如我离纯正地道的英语表达还差多练、多听、多说这一步,而那需要大量的阅读与观影积累得到;比如她毫不掩饰对我的喜爱,肯定了我充满热情与活力地参加每

爱的护航

一次课堂讨论、接收新的英语知识的正确性。小小的评语格子被她写得满满当当，每次看着觉得很亲切也很有动力。在她的影响下，新年的时候，我也写给周老师很多很多心里话，比如我很喜欢她生动可爱、贴近生活的教学方式，很欣赏钦佩她代表着新一代青年朝气蓬勃的价值观和对人生种种的思考。几天后，我惊喜地收到了她送给我的小礼物和贺卡，里面写着"沙凡，谢谢你，是你更让我坚持教师这条道路，你的积极乐观是对我最好的鼓励，也祝你在你认定的道路上越走越远！"这是一种很温暖的感觉，有着信任，有着肯定。就像是在告诉我，不仅是老师影响着学生的学习方式、价值观念，也是学生支持着老师走着一条 rewarding 的道路。

当然，不同的老师有不同的风格，或严肃、或幽默、或谨慎、或亲和，但南外老师们有一个共同点，他们在对学生的某阶段课堂、考试有所思所想时，都会及时与学生沟通、谈心，将自己的想法原原本本地告诉学生，并期待与学生共同进步或共同改进。更值得一提的是，谈心的地点不是在颇具压力的办公室，而是在教室外的走廊，课间时的讲台旁边，碰到了随时会交谈，这样也在一定程度上增加了效果。

所以，总结下来，我的中学更像是一个大家庭，初中时是老师无微不至的关怀，高中有自由民主的教学氛围和组织参与活动机会以及作为人生指路人的老师们及时且朋友般的"心与心的沟通"，确实能让我们具备良好的综合素质和独立处理问题的能力。

我会把在高中学到的锻炼的一些性格能力带到大学去，也把在中学时期留下的遗憾都在大学好好补上。中学教会了我真真实实做人，那么在大学我将更加踏踏实实做事。我对北京大学有了较具体实际的印象是在逐渐了解五四人物与北大的联系之后，我十分赞成周其凤校长的寄语——"作为文化中国的象征，其实北京大学早已成为了世界一流大学，因为世界上再也找不到任何一所大学，能够像北大这样和国家、民族命运结合得如此紧密,息息相关"。确实,步入北大,肩上就应该扛起一份担当,心里就该拥有一种信仰,团结进取,勇于创新,志存高远,胸怀祖国!

关于我的一些学习方法

1. 课内学习

所谓学习,自然是勤学好问多练习,那么努力及坚持不懈这两种学习态度的重要性是一定要说的。

我对五门主科(语、数、外、物、化)的学习还是颇有心得的。对于史、地、生、政,在中学阶段,大都是因为任课老师到位、幽默的教学方式让我能够有效地掌握各种知识点从而取得不错的成绩。

首先,我个人有一个获益良多的习惯想与大家分享一下,那就是勤做笔记加上及时回顾、整理笔记,这一点在语文、数学、化学的学习上尤为有效。记笔记,不仅是把课上老师的板书照样誊抄在本子上,还要按照知识点的重要性做出标记,并且将老师上课时口头传授的一些知识经过筛选记在笔记本上。那么,在回顾和整理的时候又能够一目了然地复习当天、当月或者考前一学期的全部知识,每次整理的时候可以加一些备注,以便将前后学习的知识融会贯通。比如语文笔记,分基础(拼音、字形、成语、病句)、阅读(现代文和文言文)及写作部分,那么文言文阅读的笔记旁边就很需要将文言常识整理归纳,前后汇总相类似的文言常识;现代文阅读的笔记旁边就可以注上由它引发的思考和对写作的启示,有一年高考阅读张笑天《上善若水》的笔记旁边就有我对古代智者贤人为我们留下丰厚灿烂的文化瑰宝、巴蜀地区特定的风土人情等的思考,也在之后的写作中有了应用。毕竟曾经记过的笔记反复整理归纳过，就会有个系统的、深刻的印象，学起来也就不会有那么多零乱的分叉枝节了。

其次，我想就不同的科目与大家谈谈我浅薄的"独门"经验。

语文。就像高一时老师说的那样，语文学习不能起到立竿见影的效果，而是一个长期积累的过程。无论是基础部分还是阅读部分，都需要坚持着不间断的练习巩固才能学好，当然，还需要和课外获取的知识进行互补。比如，判断字形的能力就建立在广博的阅读量上，病句的修改就要求我们自己日常生活中注意语言规范，现代文阅读关于分段概括主旨、归纳作者特定句子想表达的意思也依赖于边阅读边思考。至于写作，因为我本身就不够有文采，碰到特定的题目有感而发会写出一些稍具气势或是有立意的文章，如果碰到不对胃口的就毫无头绪。其实后来总结下来，还是因为阅读量不够。任何一个话题、任何一则材料总是源于生活或是源自文学作品的，看了足够多的书籍，进行了足够多的思考，每个话题都会在某一天的所思所读中出现。所以，语文是一门厚积薄发的科目。

数学。我整个中学的数学学习还算是比较顺利的，没有遇到过"上课全部的时间有一半在想这是什么，另一半时间在想这又是什么"的尴尬情况。加上我自身对数学颇感兴趣，也就学得相对轻松一些。第一个建议还是老生常谈，就是做足随堂练习和框架思考，因为每接触一个新的概念、定理，通过做练习来巩固加深印象无疑是很有效的方法。此外，对于一些具象的应用类型的数学概念，可以参加数学小活动来进行运用并联系实际，比如初中学表面积和统筹规划时，数学余老师就组织了一个"超市打包装怎样最省材料"的活动。高中学立体几何时，老师就会通过一些模具辅助教学，那么这时，认真听老师的思维方式和想象方法是很重要的，同时也可以构造一个属于自己的空间想象模式并不断巩固它。此外，主动探索研究一些难度、深度高于课本的定理或是习题也是一个很有帮助的学习方法,市面上有很多如"实验班""自主招生"的辅导书,可以拿来做做,重要的不是"刷题"(题海战术),而是仔细学习新知识讲解和归纳习题解答的部分,仔细比对自己做题的方法和错误点,常常回顾回顾、总结总结,很有收获。我还参加过数学竞赛辅导班,但我是从高一就开始跟着旁听,听得懂的就尽量课后找题目加强巩固,听不懂的就暂时放在一边,图的就是对数学思想方法的学习。一直旁听到高三,参加了数学竞赛也幸运地拿到了省里的一等奖,我知道我所未知的领域还有很多,但整个数学竞赛课程的学习确实让我对数学有了更全面的认识,对数学思想方法有了初步的掌握。

既然说到竞赛了,就谈谈我对中学竞赛的看法吧。

我觉得,仅为功利目的狂热地去参加竞赛"刷题"、"刷分"的行为是绝对不可取的,一般在过度盲目地投入全部时间在某一领域的同时,就会造成在另一方面的欠缺或是盲点,轻者会出现偏科的"瘸腿现象",重者会因为无暇塑造全面的、正确的价值观甚至做出匪夷所思的事情。记得我校毕业生通过竞赛保送进入高校的吕姓学长,就在前几个月发表了一篇《我眼中真实的南外》的日志,看着太让人心寒了,满满的一纸荒唐言,夹杂着诋毁和捏造,我不理解,对母校难道他没有一丝的感恩和挂念吗?虽然这件事和他是深度竞赛选手没有直接的关系,但是看到他说"南外老师没有人性,每节课下课都有难熬的审问式的谈话"之类的完全不负责任的言论,不禁心中觉得无奈和可悲。因此,我认为,更深入的学习探索理科知识是好的,但一切必须建立在以兴趣为出发点、以全面发展为前提之上,这样才能在学好各门理科课程的同时,提升综合素质,保持正常的思维和合群的性格。

至于物理和化学,学习方法和数学大体上是相似的,只是物理这门课更需要建立系统的思维体系,在动力学、电磁学、量子学等分区多做练习加深理解;而化学,在我看来更偏向文科思维,所以需要更多地记

忆、整理。

英语。都说南外学生的专长是外语，其实是因为我们花了更多的时间在外语学习上面，比如我们每天都有两课时的英语课，每节课都有课堂讨论、ROLE PLAY、DAILY REPORT、随堂 QUIZ 这些项目来提高我们的英语水平。那么在书面英语方面，我觉得无论是单词辨析、阅读还是写作，勤做练习还是首要法则，而且要及时觉察到自己水平的提升进而及时提高习题的难度，比如上半年做完了四级难度，下半年就六级，再到"专四"，再到"专八"（不过专八的阅读确实太长太难，我做的时候觉得颇为费劲）。至于语法，可以配合着练习看看美剧，熟悉熟悉英美人说英语时常用的虚拟语气、倒装等，必要的时候拿个本子记下来，或者按个"暂停"，跟着读几遍，一些句型句式之类的语法点就掌握了。在英语口语方面，我是一个经验不足、水平不够的人，小时候对开口说英语就有些许的踌躇和障碍，我觉得这是语言学习的一个大忌，于是在高三，我就每天早晨自己向自己提问一些生活化的题目，比如 Who's your favorite teacher/celebrity/writer? People with what kinds of characteristics can be your friend? 之类的，久而久之，大脑中就习惯于开口说流利的大段大段的英语了，而且这样的练习还不能间断，因为人是有惰性的。当然，看美剧＋记笔记＋跟读仿读是另一个很好的方法，很能提升英语表达的流利度和地道程度。

2. 课外学习

课外学习就是天外更广阔的天了。获取课外知识的途径有很多，阅读书籍、收看节目、外出旅行游历山河等。自从收看了《一站到底》节目，我深刻地意识到在常识方面有很多的欠缺，更不用说一些专业知识了。所以课外学习是更重要的。

3. 学习态度和习惯

最后，想和学弟学妹们分享的是，学习态度和学习习惯其实会起到决定性的作用，端端正正、热情饱满地学习的时候，其实晦涩的文章、难懂的定理就没有那么困难了。

关于父母的支持鼓励

这一部分是心中较为柔软的区块，文字也一样柔软了下来。关于亲情，每个人心中都有他涌动的感触。

孩子说，妈妈是唇间所能发出的最甜美的呢喃；诗人说，父亲的眼是我遇到最深的海，父亲的肩是我遇到最广的天；我更想说，爸妈，您是爱，是暖，是希望，是人间的四月天。

因为我懂，母爱、父爱是比爱情更深刻、更温柔的情感。

8天前，我拿到了来自北京大学的录取通知书，保送这一路上，有着妈妈细腻又耐心的指引与栽培。是她，在我倍感压力而情绪失控的时候默默听着我的抱怨，甚至是无礼的指责，再悄悄做美味的夜宵让我舒缓情绪，用她的话说"用美食战胜一切困难"；是她，在我小有所成、考试理想而飘飘然的时候严厉指出前路之曲折艰险，再奖励我看一眼经她审核的有意义的电视节目，要知道，在那个为了学习近乎疯狂的年代，瞧一眼电视是多么贵重的赏赐；是她，带着我赴京赶考参加北大的面试，在我很没底地复习迎考的时候，她在一旁安静地睡着，睡醒了一看钟觉得到点了，就催我也赶快睡，连续3天的习惯让我在心态上慢慢放平和了，继而能够正常发挥；也是她，考完了等成绩的时候一遍遍刷新网页，那种焦急和不安是我从没见到过的。她的每一句叮嘱，她的每一次鼓励，她的每一道夜宵，她的每一声催促，确实以不可察觉的力量影响了我的性格和处事态度。以前,我只知道我做事谨慎仔细是父母管教和引导的结果,却只有在这篇文章带给我的回忆里真真切切地明白了它的细节和原委。如潺潺流水的母爱,滋润着点点滴滴的成长,才有最蓬勃铿锵的力量。

  18天前,我在台湾旅游的时候,连续几天没有网络,只能通过简单的短信交流。18天前的那个晚上,我连上了无线网,打开微信发现与爸爸的对话栏里满满全是他的语音留言:"女儿,到宾馆了吗?今天玩得怎么样?累吗?""女儿?是不是没有网络?能听到信息的话就回复我哦。""南京今天下了好大的雨,我和你妈妈是从车库跑回家的,全身都淋湿了。""女儿,不知道你能不能收到,晚安哦。"(第二天)"今天还是在下雨,雨很大,你今天怎么样?""女儿,白天去了哪里玩?记得回复我们哦。""女儿,睡了吧?晚安。"……全是熟悉的声音,全是日常的叮嘱,可那个晚上听起来特别温暖和酸楚。听着听着,泪水忍不住流了下来,当不善言辞的父亲对我的关心和牵挂累积起来,在那一刻集中释放的时候,厚重的亲情、酸楚的感动还有愧疚、温暖,合在一起有了无比震撼的力量。那天晚上我格外想家,那天晚上我也想了很多很多,从前总是任着性子去顶嘴、去埋怨,却从未换位思考帮父母减轻压力和烦恼。我总是被称赞是个懂事的孩子,从不让父母操劳,可事实上我胡闹倔强时也会让父母连声叹气、沉默不语。我需要的,是快些成熟起来,快些变得独立、善解人意,这才是最基本的"孝"吧……想着想着,睡着了,哭湿了枕头……

  8个月前,妈妈带着我去治病。我的随笔里写着:"凌晨1点,我因胃痛到鼓楼医院挂水,输液室里很安静。胃部间歇性的剧烈疼痛驱逐着我的每一丝睡意。旁边的妈妈睡着了,甚至有微微的鼾声。她真的是累了,工作了一天还被我折腾到医院里,排队、挂号、配药、取点滴瓶,还要听着我难受哼哼时担忧、着急。输液室里暖气足,妈妈的脸被捂得红扑扑的。听到了我的动静,妈妈醒了,看看点滴瓶,还有2瓶没挂。就催促我赶快睡觉,别耽误了白天的课程,又帮我掖了掖衣角,用她的风衣帮我盖严实了以免再因受凉而胃疼。见我眼睛仍睁得乌溜溜的就有些生气了,于是我闭上眼睛佯装睡了。"

8年前,我上三年级,爸爸在为我突然变得调皮捣蛋、学习浮躁而着急。

18年前,我出生了,妈妈经历着难以想象的疼痛……

过去的每一分、每一秒,父母都在爱着我,养育、栽培、包容、批评、指引、鼓励、锻炼,是他们让我懂得,父母是世界上最劳累却最幸福的职业。

8天后,8个月后,8年后,18年后……我知道,他们还会始终如一地支持我、爱护我。

他们说,他们做着这世上最幸福、最快乐的事情。

那么,让我也回报以满满的爱,从微笑孝顺到善解人意鼓励支持,再到将来的赡养和陪伴,其实,做子女也是最幸福、最温暖的职业。

结语

这就是我的征文的全部内容。

六千字写下来,发现我这十八年过得很精彩也很幸福。

记得数天前和董校长交谈的时候,他说,人贵在有志,到了北京大学,不仅要在术业上有所钻研,更要在人格、人性上进行思考,渐渐去和北京大学的气质融为一体,继而肩负起那份自建校以来"北大人"就有的担当,坚守一份中华儿女共有的梦想。

梦是蝴蝶的翅膀,爱是成长的力量。

那么,大一,就让我带着梦想,带着爱,开启一段新的旅程吧。

父母老师给我正能量

但是对于我,克服它们的方法总是相同的,就是回望自己的背后,无数在记忆里闪光、永不褪色的面孔,那些爱着我和我爱着的人们。无论何时,只要想起他们,就有了无限正面的能量,相信自己有了那样的力量站起来,困难和沮丧在这样的光芒下无所遁形,不再可怕。再执起自己的剑,划开混沌的阴天。

姓　　名：楼珂珺
录取院系：外国语学院
毕业中学：浙江省杭州外国语学校

　　总有些人,有些事,有些独特的东西从你看见它们起就伫立在高高的地方,太阳从它们背后升起,镀满了光晕,你站在阴影中,人们看不清你的神情,但只有你自己知道它们就是你的光。

　　北大之于我,就是那样的存在,沉默不语地伫立在那里。坦白地说,其实从小到大并不曾希冀可以进入北大这个中国最高学府,性格中随遇而安的因子比较突出,没有多远的愿景,踏踏实实地走好每一步,稳稳当当地有了前一步的踏实再企望下一步的前进。就是这样一步步带领我走向每一个大的小的选择关口,不能说每一次的选择尽善尽美,但是我亦不曾后悔过,每一个岔口通向的未来有曲折、有苦难、有悲伤、有快乐、有满足、有成功,人们往往把未选择的路定义成最完美的路,因为它不曾真实,不曾被经历,只存在于幻想之中,变得愈来愈美好,但是往往我们需要的是坚定的不后悔的心,选择的路就是最好的路,它的真实永远限制了它的完美,但同时也是它的魅力,只有这样才有最真切的感受。但是我也有着充分的勇气和决心抓住指缝中的每一个机会,所以在遇到了北大保送的机会的时候毫不犹豫地抓住了它。这是很好的一次机会,能够和各位老师面对面交流,提出自己的想法,表达自己的观点,无论结果如何,也是十分宝贵的经验。一路走来,手中最大的力量就是勇气和决心,也相信这样一步步踏实走来的自己是适合北大的。

家庭的影响

在成长过程中,不得不说,家长的影响是很巨大的,在方方面面的语言行为渗透中影响着孩子。我的爸爸妈妈都是老师,但是他们远远不是人们心中想象的样子——会有很严的规范和要求,制定严格的作息时间等。与此相反,我的成长环境一直是十分宽松的,如同我总是像别人开玩笑的那样,我是"放养"长大的。在学习上也并没有因为爸爸妈妈都是老师得到更多的指导,大多数的时候都是自己安排自己的学习,但从小到大被表扬的一点就是作业完成得永远踏实认真,每项作业不曾偷懒,简单的或者有难度的,都好好地静下心来完成,一步一步、工工整整地做下来。这方面不曾让爸爸妈妈费心过。这也许并不是很特别的一点,大多数学生都可以做到,但是坚持也是很难能可贵的,一旦有几次作业敷衍过去,那么总会形成惰性,愈演愈烈。养成一个好习惯并不难,难的是要把它真正融入每个细节里面,并且持之以恒,往往宝贵的东西就在每天平凡的重复中不断闪光。而充分的自由度体现在方方面面,包括课余时间的安排,自己兴趣的选择等,正因为有了完全的充分

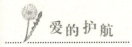

的自由也让我进入初中高中后对住校的课余时间更加有把握。不至于像是脱了缰的野马，一下子撒开蹄子没了约束而自我放纵。

　　当然，他们对我的影响远远不止给予充分的自由那么简单。其实，在很多细节上爸爸妈妈都渗透给了我重要的观念，其中很重要的一点就是掌握自己能发挥、能努力的部分，不要怨天尤人、推卸责任。每个人学习的道路都不会一帆风顺，总会有着大大小小、各式各样的挫折，小孩子的天性总是会自己找理由辩解，因为远远没有到拥有成熟思虑的年纪，即便过了泼皮耍赖的年纪，也总是逃不了找借口的惯性。例如，考试考得不好便会百般为自己洗白，老师讲得不仔细、只关注几个人等，五花八门的理由，或多或少这些理由都不是凭空而来，但是并不会有十全十美的客观条件，包括老师。老师们总是在尽力做着自己的本职工作，但是总会有不足、会有纰漏。爸爸妈妈教我的最重要的事就是凡事都先从自己身上找原因，是否自己就真的尽了最大的努力才得到了这样的结果。很多时候，其实事情不应该是那样的结果，只不过自己没有尽力，却心安理得地以其他人的过失作为自己的挡箭牌，一次次躲在所谓客观理由背后安得自在。正是这样一次次的积累，纵容了自己，挡箭牌用得愈发得心应手，无往而不利，而自己变得越来越不尽力，因为即便失败也有那么多的客观理由排着队为你顶罪。一件件的小事其实无足轻重，谁会为一次小小的考试挂念多少日子，但是若是它们串联起来织成一张网，纵容了你，把你一步步推向深渊，那么总有那么一个瞬间，你发现这样的惯性无可挽回。其实有许许多多的时刻，还是小孩的我那么委屈，委屈得觉得不应该全是自己的错，旁人就是有影响我的地方，那是事实，为什么总是要自己担着所有的错，不要总想着怨及别人。但是现在我是那么感谢爸爸妈妈教我的这件最重要的事，也让我有了自我反省的习惯，每当一件事不尽如人意，首先回想自己哪里出了差错，哪里可以更好，哪里下次可以改进。因为最终，无论是怎样的过程和细枝末节的原因,最后的结果都是要自己承担,我们能做的始终只是把自己的部分做好,就像耕种庄稼的农民不能要求老天年年风调雨顺一样,这充其量只能作为聊以慰藉的美好希望,踏踏实实地尽力种好自己的庄稼才是实实在在的。

老师的引导

而老师的作用也是不容替代的。知识其实就摆在书上,老师们用各式各样的方法让它们变得鲜活,跳跃出书本,使我们接受。慢慢地,我们被老师引导着去汲取其中的精华,像是教孩子骑自行车的爸爸,扶着后座,然后在不知不觉中放开把着后座的手,孩子慢慢骑得稳当,缓缓骑向前方,迎接自己的风景。更多的时候,他们的角色远远不是传授知识的人那么简单,更重要的是他们对于学生人生的引领和道德品质之养成,他们无疑是学生的人生导师。老师们被称作"人类灵魂的工程师"也是那么贴切、妥当。从幼儿园到小学、初中,再升到高中,老师们来来去去,一批又一批,有着自己的风格,但总有那么几个老师是不可替代的存在,在不知不觉中他们塑造了这样的你。

我特别喜欢小学五六年级时候的班主任,只记得每天晚上放学都飞速整理好自己的书包,只是为了能在排队出门的时候排在第一个,离得班主任老师近一些,或者有时候能紧张地说上几句话。大了以后,老师更像是朋友,而小的时候老师更是一种特殊的存在,是令人尊敬的长辈,却不同于爸爸妈妈,有着自然而然令人信服和痴迷的力量。而那位班主任使我受益良多的就是公正不偏颇,什么事情总是"一碗水端平",能妥当地处理,小孩子总是咋咋呼呼,缺了平衡心的,幼时争抢糖果、争抢宠爱,大了不外乎争抢老师的喜爱与偏颇,闹来闹去,好不安生,不过,那时的班主任总是处理得安稳,让人觉得就该是这样,每个人得到自己应得的东西。

到了初中、高中，两任的班主任在课余的时候都是朋友一样的存在。课余的时候遇到了任何问题都可以向他们询问，因为在前面走过了更多的路，自然有了更多的经验，能帮助我看清前路的方向。但是，这样的谈话并不是不平等的、完全由老师掌控着的，我们以朋友的立场谈着事情，而后受益匪浅，这样的方式平和而舒心。其实从来没有什么绝对的是非对错，只有在某个时间点对于自己最合适的选择，这样的选择最终是由自己做出的，但在决定的过程中，总有那么多人是在背后支持着你，他们或许持有不同的意见，但是本心中都是以为你好为圆心，以自己的经验为半径为你圈一方阔土。

当然，任何时候你可以自己去开疆辟土、执掌乾坤，但是背后的人们，包括父母老师朋友及爱你的人们，综合他们的意见往往会让自己的选择更为周到。No man is an island.

奋勇向前

生活最大的魅力在于波澜起伏，祸福难测。有了黑暗才有了光明，有欣喜就会有悲伤，有顺风就有逆风，有跳跃就有摔倒。所以，困难、挫折和压力是不可避免的。我们当然希望它们尽可能不出现，像是无数人们在宗教的门后祈求平安顺遂，但遇到了它们就要学会直面破敌，而不是一味回避、掩耳盗铃。或许只是不大不小的问题不去理会便成了心里的定时炸弹，时时处在危险中战战兢兢。困难和挫折总是各不相同、形形色色，出现在各个方面，比如学习、生活、情感。但是对于我，克服它们的方法总是相同的，就是回望自己的背后，无数在记忆里闪光、永不褪色的面孔，那些爱着我和我爱着的人们。无论何时，只要想起他们，就有了无限正面的能量，相信自己有了那样的力量站起来，困难和沮丧在这样的光芒下无所遁形，不再可怕。再执起自己的剑，划开混沌的阴天。希腊神话中西西弗斯的悲剧被认为是人类悲剧的根本，重复无止境地做着同样的事情，一直承受着痛苦，但是生活不会是简单的西西弗斯推石头模型，抽象地想也许像是不断遇到痛苦不断克服，一步步走下去，无限循环往复，但是就算是推石头，也是在一座座不同的山之间穿行，有着不同的美景，遇到不同的人，品尝不同的美食，经历不同的事情，自此生活仍可谓是充满希望，丰富多彩。当新的生命诞生，开头和结尾早被书写，空白的永远是内容，留下无尽的空间让我们来发挥。不求一帆风顺无忧无虑，只愿摔倒后仍有站起来的勇气不停向前。

像是给自己的小小的回望，那些吉光片羽，闪耀在身后如影随形。或许之前有着小小的成就，也有那么多的不足难以言表，这是新的起点，就此背起行囊，大步出发。

那一年,我十七岁

她对我说,人活着就是为了呼吸二字。所谓呼,出一口气;所谓吸,争一口气。老师知道你是一个有志气的孩子,所以我才会反反复复刺激你,让你不要向成绩,向任何一个成绩暂时比你强的同学低头。她的另类鼓励方式虽然让我在过程中尝尽苦头,但却最终给了我最强大的内心和百折不挠的自信。

姓　　名:庞林立
录取院系:元培学院
毕业中学:河北省衡水中学
获奖情况:全国中学生品学奖
　　　　　河北省"十佳少年"
　　　　　全国语文知识能力竞赛一等奖

不会有人永远十七岁,但永远会有人十七岁。

——题记

我的高三伴随着我的十七岁一同走过。在这个被无数诗人赞美过、咏叹过的青葱岁月里,陪伴我的不是诗一样的浪漫、孩童般的天真,而是寒窗苦读的艰辛、考试不如意的打击,以及对梦想永不言弃的坚守。

那一年，我十七岁

累并快乐着

日复一日，我们重复着"教室—食堂—宿舍"这三点一线的生活，单调，些许乏味，又带着一丝烦躁。做篇子（卷子）是一件再普通不过的事，从早上睁开眼睛的那一刻起，无穷无尽的篇子就像蝗虫一样黑压压地飞来，压得你喘不过气来。而我们只能在这些篇子堆中自娱自乐道："保护森林人人有责，没有这些篇子，将来我们怎么为祖国的大好河山做贡献？"一天下来，语文、数学、外语、文综篇子四分天下，一张 8K 大的卷子上，印着蚂蚁大的小字，各种题目犹如八仙过海，各显神通。有的考查基础，有的考查材料理解，一种问法有多重理解，一种理解又有多种答案，数学题要求步步俱精；文综题要求思路明确、线条清晰、理论精准；语文题自是要求卷面工整、文采斐然。科科要求不同，要想四科面面俱到，当然有些困难。这么多篇子做下来，说不累那是虚伪。然而当我们将这些篇子一张一张完成，当一个一个难点被我们击碎，当高考即将来临时老师告诉我们珍惜手中最后的几张篇子，因为做一张少一张时，我们突然发现，能够翻越重重"卷子山"，挑战无极限的我们是多么勇猛无敌。那种自豪、那种满足感远非在网游中晋升了几级或是品尝了几道美味的大餐所能匹敌。虽然很多人反对题海战术，诋毁无穷无尽的篇子，然而当我们经历过、尝试过、坚强地走过，那其中辛苦并幸福着的滋味，我们才能细细体味，尽情享受。十七岁的我们，很累，却很快乐。

做一朵花，浴血绽放

很多人将高考比作不见硝烟的战争，比作千军万马拥挤的独木桥。

在它面前,没有人敢轻视,以游戏的姿态去应对。奔向高考的路途中,有很多考验、很多艰辛,有些可能微不足道,但有些足可以给你重重一拳,将你打倒在地,考验你到底能不能擦去嘴角上迸流的鲜血,无畏地重新爬起。面对高考,对我打击最大的莫过于考试的失利,尤其是高考即将到来时,三次模拟考试连续挫败,一下子从年级前10名下滑到了年级60名,80名……面对高中三年没有考到过的史无前例的差成绩,我的心好像一下子被人掏空了,觉得自己好像在云里飘,心里除了恐惧更多的是对高考的怀疑和心虚。老师们总在说高考前的几次考试决定了你高考考到什么水平,这样的成绩几乎无情地宣告了我高考的最终命运。就连平常最信任我的老师也开始暗暗怀疑我的真实能力。距离高考15天,我好像是在穿着短裤被人从炎热的夏天一下子抛到了凛冽的寒风中,冻得瑟瑟发抖,嘴唇发青,没有了前进下去的勇气。我无奈之下拨通了妈妈的电话,希望从妈妈那里得到鼓励。妈妈听了我的哭诉之后乐呵呵地说,我从电脑上看到你的成绩了,这次虽然考得不好,但是语、数、外这三科发挥得很正常,还是有亮点的。这次最大的失误在于文综,是不是时间掌握得不好?已经考完了,就成了过去,关键是总结经验,查漏补缺。晚上要吃点好吃的,好好犒劳一下这么辛苦的自己。听完妈妈的话,我心里平静多了,我找出三次模拟考试的试卷,仔仔细细地重新做了一遍,又对照课本的知识点重新将各科题目分类,将答题套路转换成自己的思维方式,把错题的原因、知识点欠缺的部分记录在错题本上,然后牢牢记住,力争第二次做这些卷子时能拿到满分。完成这项工作后,我撕掉了所有的模拟考试卷子,忘掉一切失败的不快,全身心地投入最后十五天的备战当中。

走过这一艰难的历程,回头看时,发现失败、挫折对于勇敢者而言,不过是"乌蒙磅礴走泥丸",只要勇于正视,仔细分析它出现的原因,就能够在布满荆棘的道路上开辟出宽敞的大道。挫折出现的最大意义在于它教会了我们下次如何去避免。冰心老人说，成功的花，人们只惊羡于她成功时的明艳，然而当初她的芽，浸透了奋斗的泪泉，洒遍了牺牲的血雨。浴血绽放的花，经过血水与泪水的洗礼才会更加自信，更加成熟，更加绚丽夺目。当高考成绩揭晓时，我拿到了总分全省第七名，全校第四名的名次。当我接到北大录取通知书的那一刻，我告诉自己，经历过高中三年的坎坷，今后的路途中哪怕挫折再大，只要脊梁还在，只要志气还在，我就要走下去，永不服输，永不言败，像一朵花，浴血怒放。

永远追随太阳的脚步

一直很欣赏太阳花，阳光照到哪里，就将笑脸迎向哪里。理想好比太阳，而我就像那朵太阳花。因为心怀一个梦想，所以我执著地走在自己选择的路上，从来没有后悔过。我最大的梦想是成为一名走遍世界的外交大使，向世人展示中国人的风采。我拥有这个梦想已经整整10年，不论多辛苦，多艰难，只要想起我的梦想，就会有一股无名的力量，支撑着我挺到最后。我一直将诗人一样的外交家李肇星当作我的榜样。当我知道他是北大西语系毕业的高材生时，我就立志要考入北大，让自己变得十分优秀，向李肇星看齐。当我以全校第一名的成绩考入衡中时，我就告诉自己，三年以后，我要从这里走入北大的校门。

在这三年的过程中，有过流泪的辛酸，有过短暂的失落，但更多的却是离梦想越来越近的兴奋和渴望。我常常在问自己，几年以后的我在干什么？也许我已经成为了一名外交官，在自己的岗位上贡献自己的力量，也许我已经有足够的能力在国际舞台上叱咤风云。数风流人物还看今朝。三年里不管遇到多大的挫折，我从不忘提醒自己，一切的辉煌都离不了今天的奋斗，再美好的理想如果不付诸努力终究是虚幻，唯有把握住当前，我才有足够能力去实现生命的腾飞。"为梦想而战"，多么神圣的几个字，也许这个过程很痛苦、很艰辛，但只要我敢于顶住重重的压力，我坚信，迎着太阳微笑的太阳花一定会绽放得很美，因为她拥有笑对风雨的勇气和不屈。

因为有你

我一直都知道，我不是一个人在战斗，在我的身旁，有和我一样奋勇前进的战友，有无私无悔给予我力量的老师和亲人，他们在默默地给我打气加油，源源不断地给我补充养分。

我还清楚地记得北大自主招生失利给我的打击，因为种种因素，原本自信满满的我未能获得北大的降分。得知这个消息后，我非常失落，原本的期待一下子成为了泡影。好几天我都提不起精神，无数个课间都一声不吭地趴在课桌上茫然地盯着黑板，像一只无聊到极致的青蛙，鼓着腮帮子，翻着白眼，直到把白白的粉笔字盯到逐渐模糊，等待着上课铃的响起。好朋友们看出了我心里的痛苦和失落，她们不愿意在我面前再度提起自主招生，怕又勾起我不高兴的回忆，但她们更不愿意看见我就这样意志消沉下去，所以他们一直在寻找合适的方式来鼓励我。终于，在知道自主招生结果的第三天中午，在食堂一起吃午饭时，一个好朋友用勺子舀起一片苦瓜，她笑着说："苦瓜吃着虽然苦，但它却能败火，吃完苦瓜再吃什么都觉得很甜，苦尽甘来这个成语谁都不陌生。老庞，虽然你自主招生考试失败了，这算是痛苦，但凭你的实力，你自己也是完全可以考上北大的，根本不用依靠这些加分呀。我们都相信，有这次失利做积淀，按照苦尽甘来的原理推算，你高考一定能考好，说不定还能考成状元呢。有我们给你加油助威，你还怕什么呀！"听了他们的话，我好像一下子在云层之中寻到了隐逸多时的阳光，原先的不快渐渐随风而去，是他们的鼓励带我走出了情绪的低谷，是他们的友情给我的紧张生活带来了浓浓的温情，给了我继续努力下去的动力。

"就你现在这状态，想上北京大学，做梦去吧！"每次当我考试失利时，老班就会反反复复在我面前重复这句话。很多人都认为老师对我太不讲情面，其实我知道，老师这样说我是她心急的体现。我的老班个子不高，脾气却是有名的暴躁。老班很要强，从不愿居于人后，她更不允许自己宠爱的学生出现一丁点的失误。作为她的得意门生，她对我的要求也比别人高出一截。最后三次模拟考试，虽然我的表现令她相当失望，但她从不让她的失望影响我的斗志，她反反复复地用激将法刺激我，甚至在课堂上只因为我的一点小错误就对我"大批特批"。起初我并不知道她的激将法，她的批评让在我心里憋了一口气，我总是在她批评我的时候暗自嘟囔："你等着瞧，我一定考上北大给你看。"最后的高中时光，我像发了疯似地学习，不顾一切地前进，不仅是为了却多年的愿望，也是为了让她亲眼看到我的涅槃，获得那种用成绩报复她的快乐。然而，当高考真正结束的那一刻，我走出考场，走向正在迎接考生的她，我突然明白她所做的一切从来就不是为了羞辱我，而是用一种与别人不同的方式鼓励我不要放弃。后来的同学聚会上，她对我说，人活着就是为了呼吸二字。所谓呼，出一口气；所谓吸，争一口气。老师知道你是一个有志气的孩子，所以我才会反反复复刺激你，让你不要向成绩，向任何一个成绩暂时比你强的同学低头。她的另类鼓励方式虽然让我在过程中尝尽苦头，但却最终给了我最强大的内心和百折不挠的自信。

"最近好好吃饭了吗？""一定要注意休息。""饭不许不吃，洗头要用热水，别拿冷水冲，会得病的"……每次给爸妈打电话，还没张口，爸妈的叮咛就像机关炮一样源源不断地打来。我的家和我的学校相隔200多公里，一个月只有一次不到24小时的回家时间，平时给父母打

爱的护航

电话也总是要到教学楼外的电话亭排很长的队,但这并不影响我和爸妈之间的交流。爸妈希望我不论成绩好坏都永远是快乐的,所以他们从不因为我的成绩起伏而批评我,他们总是在我最失落时给我恰到好处的鼓励,让我知道哪怕是考砸了,也只是前进途中遇到了一条小沟,只要你稍一用力就会迈过去。每当我考不好回家时,我都和妈妈说:"妈妈,我今天不高兴,我要吃好吃的。"妈妈从来二话不说,走,咱去吃肯德基。吃饱喝足回到家,我早把考不好的失落和烦恼抛到九霄云外去了,这时我再拿出考试卷子分析错因,正视考不好的事实和原因,为下次能够考好奠定基础。高考过后的假期,我路经一所中学,看到一位母亲因为孩子没考好一怒之下当着众人的面撕掉了孩子的卷子,旁边的孩子哭得如同泪人,我突然发现自己是多么幸运,有这样理解我、疼爱我的爸爸妈妈,正是他们的默默支持,伴随我走过了高三最为艰苦的一年。

仓央嘉措曾说:"见与不见,你就在那里,不离,不弃。"因为有你,因为有你们,我在最美好的十七岁里收获了属于自己的感动与快乐。高考出分那天,我的十七岁正式结束。我迈入了十八岁,成为一个具有法律责任的成年人。美好的十七岁伴随着痛并快乐着的高三,我收获了太多,太多……

林志颖在歌声中唱道:"十七岁那年的雨季,我们有共同的期许,也曾经紧紧相拥在一起。"这一年,我十七岁;这一年,我为梦想而拼搏;这一年,我与战友肩并肩,与老师、亲人心连心;这一年,我历经磨炼,浴血成长。逝去的永远不再会回来,譬如青春、岁月。然而,当我们曾经真真正正享受过、珍惜过那逝去的一切时,那随风逝去的,将会成为我们最美好的回忆。

不会有人永远十七岁,但永远会有人十七岁。但愿每一个十七岁的少年都能享受这段为梦想、为人生而拼搏的金色年华。

那些年,我们一起走过的高中

> 这些青春的记忆、奋斗的日子、单纯的付出是每一个人学生时代最珍贵的财富,它远比那些可能走出高中后就会很快被我们忘掉的公式定理更值得铭记。良好的成绩其实只是学习的衍生品,在学校里学习这件事情本身才是最快乐的事。在学校里我们能得到的绝不仅仅是成绩单与习题集,还有朋友、快乐、温情、成长、磨炼。

姓　　名:孙海梦

录取院系:经济学院

毕业中学:山东省滕州市第一中学

获奖情况:第七届"叶圣陶杯"全国中学生新作文大赛二等奖

2010年全国高中数学联赛山东赛区三等奖

2011年全国高中数学联赛山东赛区二等奖

2011年山东省"优秀学生干部

山东省化学竞赛一等奖

在接到北大录取通知书之前,我以为我会大哭,会大笑,会满屋子疯跑,但是我没有,那一刻出奇的平静,我只是从邮递员手中接过它,说声谢谢,然后一个人慢慢地蹬单车回家,到家后与爸妈像往常一样简单地拥抱一下、启封、浏览、列出事项,仅此而已。我明白,这是这几

年的磨炼所给我的，平静、淡然、宠辱不惊。现在，我决定动笔整理整理我不算记得完整但深刻的高中生活、记得的那么多的人与事。

还记得那些年，和我一起走过高中的朋友

还记得晚自习后大家一起走在昏黄的路灯下，或讨论问题，或互相吐槽，或谈天说地，或嬉笑打闹；还记得晚饭后我们一起在操场上散步，交换秘密，谈论理想；还记得在满天繁星的夜晚，大家一起在跑道上挥汗如雨，边跑边大声地唱着歌曲，喊着口号。还记得朋友们在运动会上一起冲到终点线为运动员呐喊加油，挥动双拳的青春活力；还记得一次惨烈的考试成绩下发时，朋友们围成一圈，一起对我喊："梦梦，你要加油、加油、加油！"还记得课上同学们心有灵犀的大笑和热闹有趣的交流氛围，班会课上同学们面红耳赤地争论问题的场景；还记得早读课上全班同学在一起忘我地读书的大声但不吵闹的气氛；还记得高三统考后，大家聚在一起交流学习方法，互相鼓励打气的真诚。还记得暑假里来学校上课，大家挤在一间只有一个坏掉了倒吹热风的空调的教室里挥汗如雨，为即将到来的高三做准备的静寂；还记得那一年周杰伦来时，班长带着大家一起翘掉晚自习，去体育场后门听歌等待的夏日夜晚；还记得课间操比赛时，一阵高过一阵的声浪和卯足了劲尽情释放压力的号子……

这些青春的记忆、奋斗的日子、单纯的付出是每一个人学生时代最珍贵的财富，它远比那些可能走出高中后就会很快被我们忘掉的公式定理更值得铭记。我特别不赞同的一个说法是"经过十二年寒窗苦读，终于金榜题名"之类的话，似乎美好的青春、十八岁以前的生活只是为了换取一张薄薄的录取通知书，这样的代价，是否来得有些太高？何不让孩子们享受这种在学校里的生活呢？何不让孩子们明白，良好的成绩其

实只是学习的衍生品,在学校里学习这件事情本身才是最快乐的事。在学校里我们能得到的绝不仅仅是成绩单与习题集,还有朋友、快乐、温情、成长、磨炼。朋友们,谢谢你们的陪伴,如今我们各奔东西,愿大家一切安好。

还记得那些年,陪我们一起走过高中的老师

和蔼亲切像妈妈一样的英语老师,一口不太标准的普通话,但又有着一口流利纯正又有些俏皮的英语;特别细致明晰又耐心的讲解,尤其是每次批作业后练习册上那些鼓励加油的话语,让班上的每一位同学都爱上了英语。还有发型有些凌乱的数学老师,时不时会在课上爆出一些黑色幽默,然后在全班同学几秒钟惊愕过后的爆笑声中捋捋额前的头发,继续讲课;最令我们惊异的是他从上课铃响起时从黑板左上角开始写,然后下课铃响起刚好写到右下角的"板书神技",而且还是密密麻麻的小楷。讲课极有条理而且有特别的自己总结与思考的物理老师被我们称做"学术大牛"。说话特快、走路风风火火、课堂信息量超大、整节课我们都要绷紧了神经生怕漏掉一个字的年轻化学老师,和我们很谈得来。知识点记得特清楚,以至于根本不用翻课本就知道它在第几页的生物老师。最后,还有我们的老班,满腔热血的一个文学愤青,成熟中透着一股冲劲儿,每周日晚的两节自习课是一定会被他占掉用来开班会的,一直开到高考前夕的最后动员会。提到他,不得不说他的语文课,那是最受我们喜爱的课之一。他讲课,妙语横生,处处有惊喜,我班同学还为此专门弄了个《老班语录》,以兹传阅。他经常向我们传授一个观点——"语文很好玩",千万不能把它学死喽。于是乎,上课时我们大家就在一起"把玩"语文,他会经常讲一些名人的轶闻趣事,讲些有趣的历史,延伸名家的作品。而且他还鼓励我们上讲台自由发挥,时不

时会有同学把他的语文课变成十足的专题讲座，现在我还记得我讲辛弃疾的那一堂语文课。真是美好的回忆啊！

教师是太阳底下最光辉的职业，没有之一。是啊，他们是孩子的人生导师，学生时代的记忆与印象会跟随每个人的一生，留下无法打磨掉的烙印。我很幸运能够在学生时代遇到这么多优秀的老师，他们传授给我的绝不仅仅是学科知识，更是做人的准则与人格的熏陶。当你走出校园，一定要记得常回来看看这片热土啊，看看当年的恩师，看看曾经洒过汗水的校园，看看曾经一起奋斗的教室，看看"会是校园的哪片落叶掉进记忆的流年"。

记得，陪我们一起走过人生的家人

家的爱永远是我们无法用言语表达的情感。高一时，因为我的胃不是很好，所以妈妈每天晚饭时间坚持给我送她熬的面汤和做好的菜。高三时爸妈精心经营的温馨静谧的气氛，让我无数次感动。模考成绩不理想时我闷闷不乐，妈妈想着花样给我做可口的饭菜，布置家居来放松我的心情。弟弟为了减少对我的打扰，从我们共用的书房搬到卧室去学习。高考那三天，爸爸坚持去送我，还穿上了一件火红的 T 恤，默默地表达对我的支持与希望。高考第一天午休起来，看到弟弟放在我床头的便条：湿巾在冰箱里，别忘了拿，姐姐加油！成绩起伏时，爸爸对我的理解信任与默默支持，给我足够的自主空间放手让我自己去处理。那些点点滴滴，都是我们人生中最珍贵的记忆啊，家的温情，任谁都会铭记一生。人生路上有你们同行，我觉得幸福时刻在身边。谢谢你们，我深爱着的家人！

还记得那些年,我们一起走过的高中

高中时光的酸甜苦辣,经过了时间的发酵沉淀,愈加香醇深沉。

遐想起我的第一次高考,那是个至今无解的题目,考试过程中我心态一直很平稳,感觉也跟平时连模考没有什么区别,考后已经在计划去北京旅游,提前熟悉北大的环境了。没想到最后迎来了这样一个结果,不仅成绩离预期差得远,而且志愿报得也糟透了,被调剂到一个我不满意的学校,虽说高三模考时也有过成绩的起起伏伏,可从未出现过这么大、这么意外、没有丝毫预警的跌落。我本以为自己已经足够坚强,可是在这样的结果面前,我却无论如何都没有办法接受。我的梦想难道就要以这种鬼使神差的方式永远离开我了吗?我在心底一遍遍地问自己。那个六、七月份是我最痛苦、最迷茫的一段时期,我写下了这样的诗句:梦想转身离去/嘲笑跳着欢乐的舞/莫非真的是天不助/年华日渐干枯/内心的沮丧实在无法排解。我一遍遍地看周星驰的经典影片《喜剧之王》,看着男主人公尹天仇在海边大喊:努力,奋斗!几次都忍不住痛哭,同时我也在心里默默呐喊,我的"北大梦"绝不会就此停止,我要学一学那盗火的普罗米修斯,无惧于命运的安排,我不相信世间有比意志更为强大的所在!然后就有了八月份的那个决定。但是这一年也远非一帆风顺。在这一年里,有一件事我记得特别清楚。英语老师提问到我去黑板前听写,在点评时,英语老师给了我一个good,满分,然后对班上同学说:"看孙海梦多棒,大家思考一下怎样才能记得和她一样牢?"然后我听到教室后排有个很轻、但很清晰的声音响起:"有什么难的,再上一年高三,留个级就是了嘛!"我的眼泪差点儿就流下来了,但我还是忍住了,我暗暗对自己说,你是个要强的人,这不算什么,既然你选择了复读,就要在这条路上勇敢地走下去,不管别人怎么看你,你要明白自己的方向。记住,有能力的人影响别人,没能力的人被别人影响。加油，你会证明给所有人看，那朵娇媚的花儿会在六月为你盛开！

现在，我终于可以说，我做到了，我无愧于我的梦想，无愧于我的付出与青春，虽然经历了一些波折，但我还是站在了北大的门口，即将开始我的北大求学路。不过现在我已经没有了当初恨自己不得已复读的心态，而是要感谢这一年的日子，这一次的挫折，这是蜕变的一年，是化蛹成蝶的一年。天倾西北，没有星斗好心地聚彩；地陷东南，也没有东流之水带走荒芜，那么，如何从失败的阴影中站立？我的答案是：靠自己的意志力！你要相信自己的潜力，追逐梦想的人是可敬的，是无比强大的，是无坚不摧的。正如泰戈尔所说，上天完全是为了磨炼你的意志才在你前进的路上设下重重障碍。所以，我们要学会以高远的视野去看待在前进道路上的困难，不妨以开放的心态去接受它，因为逆着光线才会看到绚烂的彩虹，与其当个懦夫向困难认输，不如做个勇士发出胜利的怒吼！还记得《老男孩》么，那部微电影，那首热血的歌曲，那个草根组合"筷子兄弟"，是怎样引起了无数追求梦想的人的共鸣啊。"当初的愿望实现了吗，事到如今只好祭奠了吗"，"青春如同奔流的江河，一去不回来不及道别"，是啊，青春不搏，更待何时？难道要等我们已经老去，在炉前叹一声，悔不当初？

涅槃重生，记忆永存

"开始的开始，我们都是孩子，最后的最后，渴望变成天使……"《北京东路的日子》这首歌感动了无数人。高中毕业了，各种聚会，各种留影，大家穿上西装，胶片定格我们渴望成长又抗拒成长的笑脸。说真的，现在还是挺怀念那些单纯奋斗的日子，大家所有人劲往一处使的冲劲，每天虽略显单调但充实的生活，写在黑板上的夸张的倒计时，刻在木桌上的青春理想,每天早晨声震高天的宣言,教室窗外粉色的合欢和雪白的樱花,骑单车回家路上哼的小曲儿,晚上从教室走到车区时赏赏天上的月亮……随着我们的离去,那些熟悉而又曾被我们抱怨过的日子也更具一种不舍与眷恋的韵味。但是"孩子"们在经历过高中后也还是终究要变成"天使"的,张开日渐丰满的羽翼,翱翔在更加广阔的天空,高中的生活告一段落了,该收收行囊,打点打点行装,跋涉在又一段新的征程上了。再见,我的高中——那些年,我们一起走过的高中!北大,我来了!

I believe I can fly in Peking University! Come on!

记我的高中老师

我不是最有天赋的孩子,也不是最为刻苦的孩子,只是我的老师们,他们愿意等待着我慢慢长大。他们不是出了许多教案教辅的名校名师,他们不是不顾家庭甚至累倒在岗位上的劳动模范,他们不会猜题,他们甚至为自己的能力不足而自责困扰……他们很普通,但这并不影响他们成为好老师。

姓　　名:徐璐颖
录取院系:生命科学学院
毕业中学:浙江省杭州外国语学校
获奖情况:全国信息学奥林匹克联赛一等奖
　　　　　全国信息学奥林匹克竞赛三等奖

坦白说,拿到征文通知的时候,我很茫然,因为我既不是来自一流的高中,也不是母校里最为出挑的学生,实在没有什么特别的学习方法可供人参考。思来想去,唯有分享一些我高中时期的老师的故事,或许还算是"有些意思"的。

我的班主任

这是一个三十岁出头的女老师,娃娃脸和娇小的身材使她看上去比实际要年轻许多。说话温和，很少发火。

高一的第一堂班会课上，她对我们说了六个字：乐观、积极、正直。在之后的一个学期，当我们犯了过错或是有所懈怠的时候，她就要求我们复述这六个字。

作为竞赛班，在3年的各个时间段，我们班总不缺因为竞赛而长期或短期停课的学生。每当我们以这样或那样的理由去申请停课的时候，她总是严肃而忧戚地让我们再仔细考虑一下风险，然后默默地代替我们去说服每一个任课老师。

2011年的6月，上一届的高考成绩出炉，不尽理想，于是班中士气很受打击。我去她那儿表达了自己的担忧："照这个情形，我们这一届，有多少人能上名校？"她沉默了一会儿，然后说："每一届的情况到底会怎样，最终还是要看学生和老师的努力。我们要做的事情只是尽自己最大的努力。"

竞赛停课回来后，我曾想过周末去物理老师那儿补课。我把这个想法告诉她的时候，她犹豫了很久，最后还是小心翼翼地说："能够安排在平时就在平时吧……你知道，陈老师（物理老师）的孩子还很小。我们带高三的老师，工作日再怎么加班加点到晚上都是愿意的。只是，周末一定要留给年幼的孩子啊，不然，就是不合格的妈妈……"

离高考还有3个月，也是最迷茫的时候，我找她谈论种种不安和焦虑。她踌躇地看着我，大概也不知道说什么好。"我真羡慕那些心理学家，几句话就可以让人打开心结，解决烦恼。"她低头看着自己的脚尖，像一个做错事的孩子。我记不清那天在露台上的半小时里的具体谈话，唯有这句话和她说话时的神情让我记忆犹新并为之感动不已。

彼时我还不知道她在自修心理学课程——那是我们后来从一篇有关她的报道中得知的。

爱的护航

我的两位信息学老师

高一的时候，负责我们的是一个高高瘦瘦的年轻男老师。

那时，我对竞赛还不是很热心，外加我还是班中的宣传委员，要负责每月一次的黑板报工作。出板报的时间往往是在中午——刚好与信息学训练的时间相冲突。我一直信奉集体的利益高于个人，每当出黑板报的日子，总是在教室里"坚守岗位"。然而，很多次，当我画得正投入的时候，就有同学过来拍拍我，然后指指门外。我就会看到他站在门口。这时，他总是微笑着说："徐璐颖，又逃课了？"除了灰溜溜地跟他去机房，我还能做什么呢？

后来，我们正式地谈了这个问题。我向他说了作为班干部的责任和兼顾两头的难处。最后达成的协议是，我可以自由调整去机房的时间，但是我得保证完成每天的训练任务。末了，他很认真地告诉我："你是可以拿到省一等的学生。"

挤出时间去赶上其他人的进度仍是辛苦的事，这种情况一直持续到我在高二开始时辞去宣传委员一职。高二一年，我参加了信息学联赛和省选等一系列比赛。停课的时间也长达3个月。到了2011年8月去吉林参加全国赛的时候，我的目标和竞赛小组里的其他人一样：通过竞赛进名校。

然而结果很让人失望。三等奖意味着被最顶尖的几所大学关在门外。

在吉林，我们学校的信息组负责人——一个带竞赛二十多年的女老师——找我谈话："以你现在的竞赛成绩，也可以直接以保送生的身份进一些重点大学，像中国人民大学、吉林大学、中国科学技术大学等，但我觉得这是屈就了。如果我是你，一定回去参加高考！我们老师都愿意全力支持你，就看你愿不愿意十分辛苦地过9个月了。"

高三开始,我回到阔别数月的文化课课堂。这个时候,学校里新出了尖子生辅导计划,选拔的标准是几次大考的平均分。那位信息学女老师的坚持使得多次缺考而且成绩已大幅下滑的我能够旁听这些课程。如今想来,为了诸如此类已不在她责任范围内的小事,她定是与校长"拍桌子、瞪眼睛"了。

我的化学老师

　　高三的冬季,自主招生如火如荼。有同学翘掉化学课躲在图书馆看竞赛内容。他知道了很生气,当即在课堂上说道:"依靠自主招生进大学的能占多少呢?若是自主招生能考上,这水平高考也能上了;若是高考考不上,那自主招生一般也进不了。我们学校的竞赛比不上其他学校,绝大多数的学生都是要靠高考上大学的。为了突击自主招生而翘掉文化课,是本末倒置的行为。"

　　然而其时我们都颇不服气,直到在自主招生中失利,一个个又灰头土脸地回来。又是化学课,他问过我们的情况后忍不住又要打开埋怨的话头:"我就说……"然而他很快收住了,转而正色道:"不说了!我们上课!"

　　高考前的最后阶段,他还曾说过这样一段话:"高考的题目一定是你没做过的,如果有例外,那是中五百万的运气,不要把希望寄托在这点运气上。我不会猜题,我只会把所有的知识点都尽可能地教给你们,希望你们能扎扎实实地掌握,以不变应万变。"

我的语文老师

　　高考结束后的一次同学聚会上,我们谈起老师。甲突然说:"我觉

得语文老师很好。"然后乙说:"高中的语文老师都很好。"

于是我觉得有必要来谈谈语文老师。

我们班的语文老师,我认为她最好的时候,是在高中第一节作文课上。那时,我们的思维还停留在初中如何写凤头豹尾的框架里。然而她告诉我们的是"观察、思考、大视野"。

我们学校其他的语文老师,我了解甚少。唯有2012年毕业典礼上的一篇讲稿,出自文科班的谢澹老师之手,谨录全文如下。

各位同学:

大家好!

我相信此刻你们是怀着百感交集的心情坐在这里,因为你们刚刚经历了一场严酷的考验,对这场考验的结果心怀期待而又心生畏惧。然而,今天我们是以告别过去和走向未来的名义相聚在此。一场考试无法羁绊住你们前进的脚步,更无法羁绊住你们对光明的渴求。所以,在分数的战场上如果你胜利了,恭喜你,希望好风凭借力,走得更好、飞得更高;如果不幸你失利了,那也没有关系,人生之路刚刚开始,受点挫折不是坏事,希望你走得更稳、飞得更远。

而此刻,作为陪伴了你们三年的一个普通老师,我想跟你谈谈分数之外的未来。

我希望你是一束阳光,宽容、温和,发出自己的光亮。冷漠、偏狭、自私、喧嚣这些人群中的疾患正在这个世界蔓延,希望经受时光淘洗的多年教育能够在你身上沉淀下优美而恒久的力量。少计较别人,多反省自己,也许我们无法像乔布斯那样改变世界,但是目光所及、视野所在,要因我们的存在而增加温度。

我希望你是一粒种子,风霜雨雪,不改初衷。梦想很多时候不是权力,而是能力。你的梦想在哪里?触手可及还是遥不可及?在此后的人生中,你也许会被现实改造,也许会为理想抗争,这都没有关系,但我

记我的高中老师

期待你保有少年时代对梦的信仰与热情，无论何时，未来都是迷人的，人生的意义在路上。

我希望你是一个公民。坚守良知、捍卫公平，有自己的判断力。不可否认，我们在流行和被流行中生活，我们在规则与潜规则中挣扎，时代和社会在塑造我们，同时我们也在塑造这个时代与社会。我们每一个人的善良与正直才能使中国社会向着公正和谐的方向发展。你不是沧海一粟，无穷的远方，无数的人们，都与你有关。

总之，我希望你能真诚地生活、诗意地生活，尊严地生活。

如果你能在这个大时代砥砺进取，捷报频传，我们将为你骄傲；如果你能在自己的世界过好你温暖平实的小人生，我们将为你欣喜。无论你是否获得现实意义的成功，无论此后你在天涯或是海角，我们都期待你的消息。

别梦依稀，离歌渐起。今天，对于你们，2012届的毕业生来说，是一个终点，也是一个起点；而对于我们来说，是又送走一届毕业生，又放飞一届希望。在你离开一中之时，你将会发现母校的意义越来越清晰地呈现在你的人生中：运动场上的加油呐喊犹然在耳，文艺汇演中的歌声舞姿就在昨日，教室里的欢笑沉静尚在目前，而我们已经走过这三年。

我们每一个人身上都深深地烙着一中的印迹，那是春天的樱花，那是笔挺的银杏，那是教学楼前那棵唤作苦楝的树；那是陪伴你三年的老师、同学，那是一千多天积累起来的感情和牵挂；那是从来不需要想起，永远也不会忘记的青春岁月；那是歌哭，是奋进，是怀想，是天涯咫尺的QQ、人人与微博。

所以，请你记住人生中最好的一段时光，以及那些陪伴了你走过这段时光的人。他们此刻就坐在你的身边；请你记取今生今世的证据，你的教室、操场、图书馆，它们也将收藏关于你的记忆。

未来的日子，祝福你健康、平安！此后的人生，盼望你珍惜、珍重！

谢谢！

从竞赛到自主招生，再到高考，我都不是最有天赋的孩子，也不是最为刻苦的孩子，我甚至是那个走了最多弯路，遇到了最多失败的学生。只是我的老师们，他们愿意等待着我慢慢长大。他们不是出了许多教案教辅的名校名师，他们不是不顾家庭甚至累倒在岗位上的劳动模范，他们不会猜题，他们甚至为自己的能力不足而自责困扰……他们很普通，但这并不影响他们成为好老师。

成长之路

为了成绩，为了排名，对于一直稳居前两名的我，一点点的下滑都让我倍感挫败，甚至落泪。我的母亲告诉我："拿得起，就要放得下。"是啊，你的心有多大，你的梦想就有多大；你的梦想有多大，你的舞台就有多大；你的舞台有多大，你的困难就有多大；你的困难有多大，你就要有多大的心来承受。

姓　　名：黄海娜
录取学院：生命科学学院
毕业中学：重庆市第十一中学
获奖情况："三驾马车 语文周报杯"第五届全国中小学生写作大赛复评二等奖
　　　　　2010年全国中学生英语能力竞赛二等奖
　　　　　第25届全国高中生化学竞赛（省级赛区）三等奖

在接过北京大学沉甸甸的录取通知书的那一刻，我百感交集。至少在中国，没有人不知道"北大清华"的意义——中国的最高学府，那是父母亲友们口中时常念叨的词，那是各大排行榜的先锋，那是我们一直以来努力的目标。而今，我挺过来了，让所有的汗水和泪水都有了现实的意义。现在，像所有经历过高三的人一样，我也以一个过来人的身份谈谈自己的经验，不一定适用于每一个人，但或许自有其可取之处。

爱的护航

我的学习经验与方法

在我看来,首先应该做到的是认真听课。这说起来容易,然而想要真正地做好可不是轻而易举的。我所说的认真听课要做到以下三点。第一,和老师有良好的互动,积极地思考及回答老师所提的问题。高中三年,我一直是班上最活跃的人,最快、最准确地回答老师的问题会为我带来一种成就感,疑惑的眼神会让老师瞬间明白我的困惑,与老师的争论则让我对一个问题有了更深入的理解,这些方式一方面避免了自己上课走神甚至睡着,另一方面也让我对上课充满了兴趣和期待。第二,试着去接受并喜欢自己的老师,不要因为对一个老师主观的看法而使自己的这门功课受到影响。接受并喜欢一个老师会提高自己对这门功课的兴趣,促使自己去做得更多,想得更多。而对一个老师的反感会让自己丧失对这门功课的兴趣。我高一时候的物理老师是我极崇拜的老师之一,他的思维方式及人格魅力都让我拜服,在他的引导下,我对物理这门学科产生了浓厚的兴趣,对于物理课和物理问题的热情也是空前高涨。然而到了高二,由于学校的调配,我的物理老师被无情地换掉,对于那个新的物理老师,我总是很难接受,他那慢悠悠的上课节奏让我非常抵制,我甚至一度在物理课上睡着,要知道我是从未在课堂上睡过觉的,甚至走神。当然,我的表现也直接影响着我的成绩,曾经我最引以为傲的学科到后来竟让我头痛不已。很久以后我才明白,每个老师都有自己的教学方式,我们不能改变只能适应,发现他们的优点和可取之处才能帮助我们成功,否则到头来倒霉的只能是自己。第三,在高三的复习阶段,认真听课同样重要。也许你认为你已经都懂了,那么此时不妨想想为什么老师要这么讲,这些必然是重点、要点,而你是否真的做到弄懂了每一个细节,熟悉了每一个知识点。自满有时候会蒙蔽我们的眼睛,随时保持一个谦虚求学的状态才能真正学有所得,平时多想想,考试才会更轻松。

其次，是要保持一种开拓与探索的精神，尤其是对数学和物理题。第一，在心态上不能有畏难情绪，困难是每个人都要面对的，要么征服它，要么被它征服，要想成为强者，就必须咬牙挺过，也许在你挺过之后再回首，会发现这一切没你想象的那么困难。第二，在解题的思路上，要知道难题是由许多简单的小题组合而成的，你所需要做的是走好每一步，做好每一个环节，那么一切就会水到渠成。第三，尽量弄懂每一道题，不仅限于答案，更在于其中蕴涵的思想方法，考虑出题人的意图及对应的考点，一题多解，一解多题，并不在于做了多少题，而在于做懂了多少题。

再次，我想说优秀是一种习惯。很多人之所以能够在同龄人中脱颖而出，并不仅仅在于他们的智商有多高，更是在于他们拥有良好的习惯。习惯不是偶尔的爆发，而是一种长期的坚持。记好每一次笔记，整理自己的错题与盲点，认真地完成每一次作业，这些小事，看似容易，要想持之以恒地做下去，却很困难。毅力与坚持同样是一个人的意志品质，天才毕竟是极少数，更何况天才也同样需要这种品质。

我的老师和家长

初三的时候，我在面临着择校的问题，相较于一三八巴蜀这样的老牌重点学校的持重自傲，十一中站在一个较低起点的不断进取超越的精神更触动了我，我没有信心保证自己可以在一三八里继续傲视群雄，而在十一中，我可以和这个学校一起成长，于是我选择了它。事实也证明了我选择的正确性。我遇到了一群让我敬爱的老师。他们开放、包容，他们从不认为自己一定是对的，我可以有自己的想法，可以随时提出自己的异议，我们曾在课堂上有过激烈的争论，有时甚至面红耳赤，但这并不影响我们的感情，反而让我成长为一个有主见的人。他们作为一个引路人，发现我的优点与缺点，从不吝惜他们的赞美，也从不纵容我的错误。一直以来，他们的鼓励与信任让我一直坚持，他们相信学生一定会超过老师。并且，他们不仅仅是一群教书的人。我的语文老师曾说过："一个人发展到了某个较高的水平，限制他发展的就是其自身的内在品质。"我的物理老师曾说过："你可以学不好物理，但是不能因为学不好物理而丧失了对生活的信心，扭曲了自己的人格。"我的英语老师曾说过："你们的优秀不仅仅在于你们的成绩，还在于你们能对那个弯腰为你贴考号的老师说一声'谢谢'。"

我的父母没读过什么书，但是他们的教育方式却让我十分推崇。首先，在读书与做人上，他们一直告诫我要先学会怎样做人，基本的礼貌与尊重、理解与宽容、感恩与体谅都是我所需要的。其次，他们一直都认为读书是我自己的事情，不为别人，只为了我自己，他们从来不会强迫我去写作业，去补课，既然是自己的事，就让我自己安排，他们所需要做的只是保证我的吃住与健康。我的哥哥成绩很差，对读书完全没有兴趣，他们没有强求，没有为了自己的面子让他一定"混"个文凭，而是让他出来帮我爸的忙，因为读书是我们自己的事。再者，在这个竞争日益激烈的社会，每一个学生都承担着极大的压力，为了成绩，为了排名，对于一直稳居前两名的我，一点点的下滑都让我倍感挫败，甚至落泪。我的母亲告诉我："拿得起，就要放得下。"是啊，你的心有多大，你的梦想就有多大；你的梦想有多大，你的舞台就有多大；你的舞台有多大，你的困难就有多大；你的困难有多大，你就要有多大的心来承受。

我的教育观

说到中小学的基础教育，首先我想对那些"愤青"们说几句。诚然,这世界有太多的事情都不如我们所愿,就像这备受诟病的高考制度,我们抱怨、批斗,但是抱怨能解决问题么?你们能够想出比目前高考制度更好的更适合中国国情的选拔人才的制度么?如果我们仅仅是为了抱怨而抱怨,那么接下来的路又该怎么走呢?如果不能改变,那么就请适应,更何况制度还在一点点改进。其次,我认为目前的中小学的基础教育由于过分看重孩子的成绩而忽略了对他们其他方面的培养。在我看来,教育的真正目的不是把每个人都培养成第一名,都培养成科学家,而是要提高整体的国民素质,而家长们总是敦促孩子们要好好学习,做第一名,不惜在假期安排高强度的补习,但是对于孩子一些习惯品质上的培养却多有忽略,让现在的孩子不思感恩,自私并且不懂与人交流。再者,除了学习之外,还有很多事情,音乐、绘画、体育,并且是不带功利目的的,让孩子有一个快乐的童年。

协调学习与活动

在课内学习与课外活动的协调方面,首先,要合理地安排,一个优秀的学生需要有自己的计划,合理地安排能够提高自己的效率,同时可以让自己有放松的时间。其次,要抵制诱惑,生活在一个信息化的时代,科技的快速更新为我们带来了多种娱乐方式,电视、电影、游戏、手机……看着这些诱人的东西,我们也许苦恼过为什么还要在这里闷头苦读,那么请相信有所得必然有所失,舍了才能得,只有抵制住这些诱惑,在学习探索的过程中耐得住寂寞,才能真正出类拔萃。当然,我们仍然要学会放松自己,不会休息的人不会工作,身体是革命的本钱,适时的放松会为我们的下一次努力注入活力。

爱的护航

面对，接受，解决

高考，是我们人生的一个坎，几百万人前仆后继，奔向这个战场。这样一场考试牵动着每一个人的神经。你或许努力了却还一无所获，你或许茫然而不知所往，有来自父母老师期许的目光，有对于自己的一点点执著的追求，然而想来这一切就取决于那一次考试，难免有诸多的担心。对于压力，在我看来，压力来自于看着别人在拼命努力而自己却在玩，越是到了后期这种感觉越明显，怕自己即使努力也无济于事，而缓解压力的最好方式就是努力，只要努力了，也便没有什么好担心的，毕竟你已尽力，至少不会遗憾。在这途中，我们会遇到很多的困难和挫折，但请记住海明威的那句话"一个人可以被毁灭，但不可被战胜"。正因为这次考试的重要性，我们会担心甚至焦虑，害怕自己出现低级错误，我曾经就是这样一个过分担心的人，担心自己机读卡填错，不记得自己是否填了机读卡，怕自己连最简单的运算都要出错……很久以后，我才释怀，才发现这一切的焦虑都是徒劳的，它解决不了问题，我所能做的只能是面对、接受、解决。

继续成长

如果你累了，走不动了，不妨想想自己前行的目标，它会激励着你继续向前。保持一种积极良好的心态去面对它，同时不要忘了为你默默付出的父母，笔耕不辍的老师，陪你一起战斗的同学，控制好自己的情绪。我喜欢那句话——Always put yourself in others' shoes, if you feel that it hurts you, it'll probably hurt the other persons, too. 一切正如我所钟爱的物理老师所说的那样，在为高考准备的过程中，你们磨砺了自己的品质，提升了自己的素养，完善了自己的人格，结果我们无法预料，但你们至少成长了。

所以，我想用杨澜的那句话结束我的文章——你可以不成功，但你不能不成长。

十二年的求学路

> 爸爸有的时候是个大小孩,他告诉我什么叫玩,教我抓蝴蝶、逮蜻蜓、钓鱼,估计我对自然的亲近就是他培养的。有的时候爸爸又扮演导师角色,他并不常絮叨,但在我需要帮助的时候,他都会提点很有用的建议。

姓　　名: 王俪璟
录取院系: 法学院
毕业中学: 北京市第一零一中学

我的学习经验

从自己说起似乎比较容易开始。

对于小学的学习方法我似乎没有太多的印象,可能那时在我的脑海里也没有所谓的体系或方法,一切都凭着感觉来。索性我是个比较幸运的人,在糊里糊涂中成绩还很靠前。如果要说我的小学生涯有什么独特的地方,那就是我从一年级到五年级既没有上过以考试为目的的培训班,也没有被父母强迫去培养自己不喜欢的兴趣。因此,我将大把的空余时间贡献给了我喜欢的东西。我喜欢爬野山,看各种植物和美丽的昆虫，制作标本；到不同的公园学着美术生们拿个本子煞有介事地写生；我还很喜欢看有图片的书，不管是三岁孩子看的幼儿画报，还是故事会上的漫画，我的一本《少儿百科全书》已经被翻烂了，上面很大一部分图片与名词我都记得。也许就是这些看似没用的"闲时间"，给我这个理科生打了一个浪漫的底子，让我的心里有了一些莫名但是充实的感觉，有了真正喜欢的事物。

现在的小学生面对的竞争似乎比我们当时的更加激烈，奥数、古文、特长生加分、择校，形势所迫，他们不得不牺牲大量的时间去上课外补习班。我们也不能空谈理想主义，课还是要补的，因为要竞争。但还是希望他们能有一些自己的时间，远离补习班，远离电脑和电视。让他们知道，时间可以这样过，充实而不匆忙，悠闲而不空虚。在我看来，小学时期的孩子其实有一种很强烈的好奇心，他们能把一件看似无趣的东西研究很长时间。随着成长的脚步，他们会越来越忙，做很多所谓"该做的事情"，而逐渐遗忘了这种探究的心情。以后的岁月里即使有空闲的时间，他们多半也会选择大人的娱乐方式。所以，小学时期能有一些时间做一点看似无用但自己很喜欢的事情，是一种多么宝贵的经历，我相信这段经历会熏陶出一种独特的心情，得以让每个孩子有所不同，不会沦为千篇一律的"产品"。

初中对于我来说是一段过渡的时期，学会了什么叫努力学习，体会到了考试前的紧张，瞥见了一些长大的感觉。就课内学习来说，尽量跟上老师的步子就好。就课外学习来说，最重要的是读书。我初中的班主任是语文老师，他时不时会推荐几本好书让我们读，整个初中下来百十来本肯定是有的。很惭愧的是由于当时理解力有限，我没能一一读完那些书，只是涉猎了其中的一部分。有的书虽不能理解得十分透彻，但也留下了些印象，记住了几个令我灵光一现的新看法，实在不济也好歹记住了人物和情节。初中是读课外书的黄金期，有时间，有精力，也有了一定的理解力。哪怕暂时不能理解，在某个闲暇的时候回味一下，也会偶有所得。说得功利一点，读书对写作没坏处。我们班有几个把那些书基本读完的"神级人物"，上了高中后写文章的思想深度那不是一般人能比的。更长远一点来说，看好书是一种熏陶，获得智慧，陶冶心性，活得更透彻。

高中是一段绝不容辜负的时光。相对初中的学习来说，高中知识量大，难度高，理解力要求更深，不能单纯跟着老师走，还要搭建自己的体系。高中的老师都会强调课本的重要性，一切知识从课本上得来，在练习中检验，最后再次修正回归课本。所以，高中的知识点，尤其是物、化、生理综三科的知识点，一定要反复琢磨，从每一个细节理解。能背书上的定义不代表就懂了，最好能用自己的话叙述给同学和老师，让他们来指出理解中有哪些偏了的地方。知识点落实完了后，要找机会把它们串联起来。最好每两周能把学过的东西做一次总结，用自己的方式让这些点变得立体，记下不明白的地方，及时找老师求解。

一定要有错题本，题不一定多，但是一定要对自己有用，考试复习时错题本是一大法宝。还要记得多多找老师交流，无论是学习还是生活都可以。

最后说说关于学习思维方面的事，由于我是理科生，所以只能在理科方面提出想法。在高中时我们要做大量的练习，时间久了会形成思维定势，看见某条件会应激性地反应出某个思路甚至答案，这有一定的好处，可以缩短做题的时间。然而对于我们来说，最重要的是分析问题的能力，而不是某个问题本身，所以就长远来看这种定势思维没太多好处。当然也不是说要完全抛弃已经形成的"反射弧"们，而是说在面对一个问题时要看清所有条件，想到所有可能的假设，根据条件与结论一一排除，最后得到答案。这样思考一开始会很慢，但经过一两年的练习后会带来巨大的好处。什么克服思维定势题、新题，都是浮云。（笔者班里就有一个坚持这样做最后成题霸的大神。)

顺便再提一点,正确的自我评估很重要。盲目补课是千万要避免的,知道自己哪里强,哪里弱,制订一定的计划,哪些要保持、哪些要进步、补哪里、怎么补都是很重要的问题。经常见到所谓"量身定制"的一对一辅导班,那里的老师或许有经验能提供一些帮助,但我相信,没有人能比你更了解自己。

我遇到的大人们

很幸运,从小到大的十八年中,我遇到了很多可爱的大人。他们在不同的时间、不同的地方给予了我指导和帮助,让我一点一点变成现在的我。且让我选其中几位,与诸君说一说。

首先要说的自然是我的父母。爸爸有的时候是个大小孩,他告诉我什么叫玩,教我抓蝴蝶、逮蜻蜓、钓鱼,估计我对自然的亲近就是他培养的。有的时候爸爸又扮演导师角色,他并不常絮叨,但在我需要帮助的时候,他都会提点很有用的建议。我尤其记得,初三的时候,有一位我很喜欢的老师被调去教初一,为此我很是难过。爸爸开导我说:"老师是撑船的人,你们这一群将要过到河的另一岸;而老师们将掉头,去载河那边又一群等待的孩子,如此循环。"我爸这么一个不那么文艺的人,居然想出那么文艺的说法开导我。而我听了这番说辞之后,似乎也就释然了,觉得老师离开是对我们的告别,但对于别人来说,是一个值得期待的开始。成长的过程中我们会有很多困惑,很多时候我需要的不是大道理,而是别人的理解和一种可以接受的说法,使我们能坦然面对。

妈妈为我牺牲很多,为了方便照看我放弃了原来待遇优厚的工作,接受了一份相对一般的工作。她做的可口的饭菜,布置得温暖的家,让

爱的护航

我觉得每天回家都是一种幸福；她觉得作为学生的我与社会接触太少，生活单一，于是每天都给我讲她遇到的事，看到的新闻，几乎每天吃完饭我们都要在饭桌前聊半个小时。这样的生活让我感到轻松愉悦，时常觉得自己幸福得找不着北。当然，妈妈对我也有严格要求的时候，周末洗碗，假期在家里打扫卫生，尽量自己洗衣服，学会吃苦，学会吃亏。虽然有时候这些要求执行起来确实恼人，但随着长大，面向独立的生活，我觉得妈妈的教导确实有理。我们可以安然享受生活，但我们要懂得分担，如果生活需要，我们也应该能自己站起来。

还有一点我觉得特别庆幸的是我们家二老似乎对于我的成绩一事不是太在意，因此我们家成绩查询系统密码也是共享，没有出现过改密码、猜密码、偷偷查成绩、家长会"曝光死"一类的情况。考得好了，大家高兴一下，没了；考砸了，来一句"下次小心点啊"，也没了。这样的环境能给我创造一种"胜不骄，败不馁"的心态，对学习也是大有帮助的。

说完了父母，来说说老师，前面提到过初中老师，这里就来谈一谈高中几位令人印象深刻的老师吧。第一位要说的是我们的班主任，中年绅士，三年没发过一次火，处世态度超然，用一种平和的心态对自己、对别人。由于他的影响，我们班的氛围分外轻松，大家也不太会因为个人利益、成绩起伏一类的事太过纠结。高考前一个月，每天中午休息时我们班里都没人，大家也不在图书馆，而是在外面顶着太阳打排球、踢毽子。高考成绩下来据说我们班的成绩空前好，超过了许多往届的平行班。虽然不敢保证轻松的氛围与好成绩有什么必然的关系，但是我始终相信这样的氛围给了我们特别难忘、特别好的三年。这其中很大一部分就归功于我们亲爱的班主任。

还有一位老师是我们的化学老师，关键词：理科，逻辑，思维，哲学，文艺，小孩。对我来说，遇到这样的老师，算是遇见了贵人。这样的一个老师，会让你选择适合自己的作业，商量交作业的时间，也会让你一个晚上写三页纸的实验报告。她告诉我们课可以这样上，告诉我们思维远比零散的知识点重要，她说现实是残酷的，规则是要遵守的，但是她也说梦想是可贵的，有的事要做到足够好，然后是可以改变的。关于她我就不说太多了，因为个人崇拜因素太多，说多了不客观，反而会有点传奇色彩。但是希望看到这篇文章的你能相信，或早或晚，你会遇到一个人，她会告诉你这个世界有多可悲，这个世界又有多可爱，她会告诉你生活原来可以如此这般。她会是你的贵人。

我凭什么上北大?

每当我有所动摇彷徨、自我怀疑的时候,就会抬起疲惫的头颅,看看眼前的大字,在心底里大声发问:我凭什么能上北大?其实心里早已有了答案,只是那个答案在心里一遍遍地回响,于是沉默不语,低下头继续我的"梦想工程"。

姓　　名:王梦婷

录取院系:城市与环境学院

毕业中学:陕西省西安市铁路分局第一中学

获奖情况:第28届全国中学生物理竞赛三等奖

全国第20届中学生生物学联赛陕西赛区三等奖

全国数学知识应用竞赛银奖

全国中学生英语听读能力竞赛一等奖

全国中学生英语能力竞赛初一年级组三等奖

时间的磨盘,吱吱呀呀地碾压过我艰苦但坚定的岁月,溢出的却是青春收获的甘醇佳酿。

高考就这么结束了,没有欣喜若狂,没有欢呼雀跃,有的竟是我从未想到的平静的心,如同我梦中燕园那如镜般澄澈安宁的湖水。

当我和父母一同在出租屋里收拾东西时,我看到了粘在墙上的五彩斑斓的卡片。其中最大的、有些卷边的、已经略微泛黄的那张上面是一排从我心中跃出的字符，直到今天我看到它们时，都能清楚地感受到我澎湃的血液：你——凭什么上北大！

是的，每当我有所动摇彷徨、自我怀疑的时候，就会抬起疲惫的头颅，看看眼前的大字，在心底里大声发问：我凭什么能上北大？其实心里早已有了答案，只是那个答案在心里一遍遍地回响，于是沉默不语，低下头继续我的"梦想工程"。

北大，这个神圣而美丽的名字，是我青春的梦想。不是说我将自己的价值定位于斯，而是我希望以此来考验我自己，来证明我自己；我更希望的是，这位美丽且智慧的母亲能收留我这略显无知的灵魂，让我在她的怀抱里发现我人生的真正价值。

此时此刻，就让大家共同分享我成功的点点滴滴。

我的学习方法与策略

1. 态度决定一切，意志造就成功

小时候，我就记住了拿破仑的这句话"不当将军的士兵不是好士兵"。我从小学一年级起就一直连续担任班长。既然我的人生第一步是要读书学习十二年，这十二年光阴是人一生中最美好的时光，我要学习就一定要学好，做一个卓越的人，绝不让大好时光白白浪费，光阴一去不复返啊！当我回首往事时，绝不会因虚度年华而悔恨。

我从小就养成了良好的学习习惯。学习是我们作为学生的首要任务，必须认真对待，从小学到中学，我的学习成绩一直名列前茅，到了高三自主招生考试后，我都始终坚定信念，不动摇，心无杂念，义无反顾地向前努力，永不放弃。

爱的护航

2012年元旦，在新年的钟声敲响之际，我和我的同学们纷纷发送短信："相约北大！""相约金秋9月北京见面！"

滴水穿石，非一日之功，十二年辛勤努力，最终成功梦圆北大。

2. 效率是关键

我是一个活跃分子，很爱玩，妈妈很为我担心这么爱玩会耽误、影响学习。我是玩也玩了，学也学了，想玩的时候干脆放下手中的学习，玩个痛快，和同学们一起看电影、唱卡拉OK、聚会、旅游……玩回来后，心不痒痒了，安安心心埋头刻苦学习，学习效率反而很高，能起到事半功倍的作用。

3. 独立思考，自主性学习

学习的时候，我喜欢先自己独立思考，不会动不动就觉得看不懂、学不会，问别人；遇到问题，静下心来，用心思索，许多问题都会想明白，很多难题也会迎刃而解。确实看不懂的、做不出来的，我都会做出记号，请教老师和同学。

经常与老师和同学交流，促使自己快速提高。

自我封闭是不可取的。

4. 最精彩的总结本和改错本

学习中要善于发现规律，及时总结规律。每过一个月，我都会总结一下前一段时间所学到的知识内容，总结、归纳几条规律，长期坚持下去，会写满一本本总结本，上面用不同的彩色笔标记出来，清清楚楚，一目了然。考试前，拿出来翻看，强化记忆，效果非常好。

我还必备各科的改错本，上面粘贴有原错题，下面有改正结果，还有分析原因。有人做过统计，发现考试中有许多错题都是重复出现的错误或相近的错误,能杜绝犯自己以前犯过的同样错误是能提高很多分的。还有,一些低级错误而导致失分也经常发生,都是非常可惜的。

老师是指路明灯

1. 老师是学业上的导师

名校的老师教学业务上精通,有多年的教学经验,是一笔财富。跟着老师的步骤走,能快速进步,少走弯路。

盲目地、过多地上校外辅导班,会加重我们的学业负担,搞得精疲力尽,大脑昏昏沉沉,往往适得其反。

2. 老师是心理咨询师

进入理科重点班,同学间竞争激烈,你追我赶,压力很大,往往会因某次考试失利,男生也会痛哭。尤其到了高三后半年,一次模考接着一次模考,有时考得不理想,心里会很难过,班主任老师都会非常耐心、关切地询问,用有力的话语鼓励我、给我加油。

家庭是温馨的港湾

1. 家是我的"加油站"

每当我放学后,回家推开门时,我最想看到的是妈妈、爸爸高兴的笑脸;我最想吃的是妈妈做的红烧排骨、孜然牛肉、西红柿鸡蛋紫菜汤及四季新鲜诱人的水果。

爱的护航

家庭环境宽松、气氛温馨愉快使我身心健康地成长与学习。

爸爸开车接送我,妈妈衣食冷暖照顾我,让我无忧无虑地专心学习。

2. 放开手,天空任鸟飞

我喜欢接受新事物,遇事很有主见,干脆利落。爸爸妈妈不干涉我的学习,该怎么学习都是我自己做主。摔倒了,我会自己擦干眼泪,拍掉尘土,仰首前行。

我喜欢看外国原版影片,强化了我的外语语感,像美国、英国、法国等国家的电影,日本的动画片都让我废寝忘食,我也从中学习了英语、日语等。

朋友和音乐相伴解忧

1. 贴心朋友同我欢喜、为我解忧

我和我的知心朋友共同战斗高三,有喜悦大家分享,更多的是有烦恼时,相互分忧解难,共勉共进。

我还经常为班级做一些班会演讲等活动,活跃了高三紧张的气氛,同时也开阔了我的胸怀,我因能为班级、为同学做些有意义的事,而感到非常欣慰、高兴。

2. 音乐就像我生命中的阳光

整个高三,学习课业很重,音乐始终陪伴着我。早上,驱散我的睡意,督促我快快起床上学;疲惫时,为我放松、缓解身心;晚上,也是音乐送我进入梦乡……音乐就像我生命中的阳光,陪伴着我一起走过高三，走进北大。

最后，我要在此衷心地感谢我的母校——西安铁一中学，感谢我的班主任王刚老师，还要感谢马健、王海燕、尹敏、纪晓军、冯建平、龚少华、明劲、袁世梅等老师。

写在高考后

我会问一问老师我最近的表现怎么样,从老师看待学生的角度了解自己值得肯定和需要改进的地方。一般来说,老师们拥有多年教学的丰富经验。他们可以从一些蛛丝马迹中判断出你现在的状态和面临的问题,而你有可能还不自知。换句话讲,他们或许比你更了解你自己。

姓　　名:袁苗苗
录取院系:中国语言文学系
毕业中学:广东省华南师范大学附属中学
　　　　　广东省第三届中学地理奥赛一等奖

站在熟悉的教学楼和宿舍里,时光的镜头一点点后退,我仿佛看到了三年前第一次站在这里,兴奋中还略带点青涩的自己。这三年中,校园里的木棉树几度花开花落如昨,而我却分分秒秒都在经历成长的蜕变;这三年中,生命里有了太多无法复刻的美好回忆,我不愿从此离去。所以,我决定用笔来留住点什么。谨写给我自己,也写给所有即将步入这段时光或正身处其中的学弟学妹们。

● 回忆母校

说到我的高中生活,第一个要提起的便是我的母校。它是我回忆最最重要的载体,是我成长的土壤,是我三年引以为傲的归宿和家。

我是一名来自广东的考生,我的母校是久负盛名的华南师范大学附属中学。从进入学校军训的第一天开始,我就强烈地感受到了它浓厚的爱校传统。我们自豪地称自己是"华附人"。很多校友毕业多年仍然对华附念念不忘,纵使远隔千山万水,依旧会有想要拥抱她的冲动。这到底是为什么,母校强大的凝聚力和向心力到底来源于哪里?

我想,或许是因为一种温暖的归属感。而这种温暖的归属感,来源于深切的认同感。

"以完整的现代教育塑造高素质的现代人",这句话出自我们的吴颖民校长,也是华附的办学理念和宗旨。还记得当年我从广东省的地级市考入华附的创新班的时候,相中的正是华附所倡导的素质教育。三年之后,我很庆幸自己当初的决定。我认同并感激华附带给我的一切。虽说现在中国中小学的基础教育已经开始慢慢地摆脱以往单一的应试理念,普遍地在向素质教育转变,但是真正能够把口号落到实处,全面地关心学生成长和素质培养的,毕竟还是比较少。华附的教学成绩很突出。但在这里,分数不是衡量一个学生的唯一尺度,也不是老师教学的唯一任务。一个只会读书的"书呆子"很难得到大家的认可。

有人说:"华附就是一个大学的微缩模型,它让我们提前体验了大学生活。"我很赞成。在华附的三年里,我很享受这样的氛围。在我眼里,华附与大学最接近的一点在于强调学习的自主性。拿起华附的课程表,你可以看到每一天都会留出至少一节自习课,而且基本上没有老师会去占用。这是华附坚持了多年的一个传统,坚持"把学习的时间还给学生"。都说"师傅领进门,修行靠个人",老师不会什么都帮你做,我们需要学会自己去经历探索的过程。

在高三,我越发觉得华附的选择是聪明的。与其让老师在讲台上对着全班同学一遍又一遍地重复那些没有针对性的话语,不如让我们依据

自身的情况,各自解决"短板问题"。华附相信学生是具备这样的能力的。每个学生的创造性与独特性都是被尊重的。

我从华附"自主学习"的理念中收获良多,我也很感谢华附给了我们全面发展的空间和平台。因为认同,所以热爱。

"认真"所带给我的

刚上高一的时候,我曾经历过一段"水土不服"的时间。高中的课程和初中的相比,感觉上跳跃了一个大的台阶,让原本掉以轻心的我多少有点措手不及。再加上第一次离开家独自一人在学校生活,压力重重,我表现得让自己有些失望。学习成绩没有以前拔尖,努力过后依旧不见有太大的起色。

我很着急,可却苦于不知道办法。都说"天道酬勤",难道我只能靠勤奋来弥补了吗?这个时候,偶然间在华附校园网上看到的一句话,让我顿时有了新的想法。这是一位学业有成的师兄留下的,他郑重地说:"你不一定要勤奋,但必须要认真。"

在后来三年的学习生活中,这句话成为了我的座右铭。它带给我的感触颇多,让我收获不少。细细琢磨,师兄所言极是,读书当真是如此。

何谓"勤奋"?"勤奋"当指在学习上对于时间投入的状况。何谓"认真"?"认真"自然是对学习全身心地融入和付出。这两者的关系有点像是"量和质"的关系。师兄的话并不是说勤奋不重要。童第周闻鸡起舞,挑灯夜战,依靠着异于常人的勤奋实现了生物学上的重大突破。勤能补拙,皇天不负有心人,勤奋同样可以帮助我们有一番作为。只是在这里,我更想要强调"认真"。

不论做什么事情,"认真"两个字都是最最打紧的,甚至超越了勤

写在高考后

奋。有的人会把认真和勤奋相等同,认为只要做到了勤奋,便算得上是认真。其实,大错特错。勤奋是在认真的基础上才会产生意义的。除去"认真"作为前提,"勤奋"其实不过是一种费力不讨好的徒劳罢了。

我仔细回想自己前段日子的学习,确实没有在"认真"上面下足功夫。要命的是,表面上看我花在学习上的时间增多了,可是我的产出投入比却下降了。学习的时候心理上依赖于"勤奋"会带来的作用,总想着"反正我还会花比别人多的时间来完成,现在可以不那么上心",反倒是真正助长了散漫的习惯。得到的结果差不多,精力倒多费了不少,渐渐地还会感到失望疲倦,失去信心和动力,难以坚持下去。

我尝试着改变当时的情况,逼迫自己在课堂上和自习时间全身心地投入进去。我的时间表上排满了不同的工作,每一件都仅仅留出恰好的时间,不让自己惦记着还有后路。我的心思都在知识上,反应速度和思维能力不自觉地开始提升,整个人处于马达加速的状态。因为专注,所以我还理解得更加透彻,记忆得更加深刻。

可是我又不能只顾着赶路,因为有时候心急就会贪多嚼不烂,浅尝辄止,缺乏追根问底的求知精神,像是在糊弄自己。这样做也是不够"认真"。我之前就是这样子。书本上的知识看似都懂了,可一碰到题目,立马"现出原形"。我告诉自己不能只是简单地满足于"知道",之前想当然的事情现在要多问个"为什么"。越学疑问就越多,但是随着一个个疑惑的解开,我的收获也就越来越多。老师课堂上讲解的疑难点,有些我依靠课前的"自问自答"就可以攻破了。试卷上老师埋下的小陷阱我也可以提前预见,然后淡定地跳过。

慢慢地,我体会到了认真带来的不一样。试验了一段时期后,我惊讶地发现原来我有那么大的潜力和提升空间。排名"蹭蹭蹭"上去了,我还学得很轻松。每天用足学校给的自习时间就够了,从来不晨搏、夜

搏，好像和勤奋一点都沾不上边。这个时候，我再一次地明白了师兄说的那句话："你不一定要很勤奋，但你必须要认真。"

师生沟通

对于学习，我还有一点很想和大家分享的。这也是我在高中三年里坚持和完成得最满意的一点，那就是及时有效的师生沟通。

老实讲，从小到大，我和老师们的关系一直很好，没有传说中的那些敬而远之的情绪。可能每个老师的风格不一样，但是我坚信，和老师打交道的方式是一样的。只要做到真诚，老师绝对会是值得信赖的朋友。他们作为一个长辈，一个我们学习征程上的领路人，可以帮助我们很多很多。

还是要现身说法。就拿我的经历来讲吧。我会不定时地找自己的班主任或者是任课老师聊聊天。不一定很严肃、很正式，只是课间的那么几分钟就足够了。我会问一问老师我最近的表现怎么样，从老师看待学生的角度了解自己值得肯定和需要改进的地方。一般来说，老师们拥有多年教学的丰富经验。他们可以从一些蛛丝马迹中判断出你现在的状态和面临的问题，而你有可能还不自知。换句话讲，他们或许比你更了解你自己。

每一次学校的大考过后，我都会和老师约谈一次。我们的班主任姚轶洁老师是个亦师亦友的伙伴。她总是准确地告诉我最近浮躁了，学习态度有点消极了，是不是自我放松了？她会给我最需要的忠告，让我清醒地看到不足，在学习上甚至是生活上不至于行差踏错。这在艰苦卓绝而容易产生迷茫心理的高三显得尤为重要。我很感激。

但是，愿意倾听老师们的想法并不代表着完全依赖老师。这是没有自我反省能力的做法。我们班主任一直强调说："我不是你们情绪的垃圾桶。"每一次找老师约谈之前，我都要先和自己谈一谈。在把自己的情况梳理一遍，做过理性分析之后，我才会去敲老师办公室的门。如果没有任何自我排解的尝试就一股脑地把问题扔给老师，一来没有针对性老师很难帮你找到解决的对策，二来你失去了一次成长的机会而增加了老师繁重的工作量。这样的师生沟通效率不高，效果有限。

全面发展，系统优化

高中三年，学习是主旋律，但不是全部。尤其是在强调素质教育的华附，各种各样的课外活动和学生工作很多。几乎每个学生都会找到自己感兴趣的东西来充实课外生活，锻炼工作能力。但是，选择多了，诱惑也就随之而来。有的人分不清主次，社团玩得风生水起，成绩却是一泻千里。

高一刚入学，师兄师姐就以过来人的口气语重心长地告诫我：一定要把握好分寸，否则后悔莫及。所以，我当初参加学校社团的时候，就会有意识地精心选择。既要符合我的兴趣爱好，又不能对我的学习造成太大的压力。不像有些人疯狂抢报了 n 个，我只留下学校学生会文体部和广播站两个社团。这是我处理课内外活动的第一招：学会取舍。

原本以为这样子已经是比较轻松的了，但真正开始进入实习阶段后，我才发现不是自己想象的那样。学生会文体部统筹全校各大文体活动的组织策划和现场安排，是全校极繁忙的部门之一。每周都有事情要准备，碰上学校"艺术节"这样的月份，更是会忙得两脚不沾地。它渐渐地侵占我的学习时间，有时我甚至会在宝贵的晚自习时间不自主地去想文体部工作的事情。我知道，再这样下去，我的学习势必会受到影响。

怎么办？世界上有一种东西叫作系统优化。这就是我所需要的，让

各部分的组合达到"1+1≥2"的效果,课内课外两不误,还能够相互地良性影响。可是怎么做到呢?在这里,我又想说,一张合理的时间表真的是太重要了。

通常情况下,我会先把某个时段里必须要完成的任务统统列出来,不论是课内的还是课外的。然后按着轻重缓急把它们分分等级(最好也标上 deadline),用不同的颜色标示出来。再接着,预估完成每件事情所需要的时间。先把耗时大的事情填充到时间表里。这时要注意搭配,最好不要在某一天里全部都是在弄课外的大活动。弄完大件儿的,再把零星的事情填充到边角时段里。成了!

因为每件事情都有解决它的专用时段,所以我心里有底,用不着干一件事的时候还想着另一件。而且这样还可以防止事情一多出现手忙脚乱、心慌的场面。学得累了就干干学生会的工作,换换脑子,效率提升了。

执行力

Last but not least,再好的时间规划缺了执行力,一切都是白搭!

虽然距离高考结束已经差不多两个月的时间了,我有时候做梦还是依稀以为自己仍然在备考。梦里远方的号角悲壮地吹响,召唤着我们披荆斩棘。高三留给人的印象足见一斑。

很多事情到了高三,都会有不一样的意义。学习不再是简单的学习,叫做战斗!高三,于每一个中国学生而言,意味深长。还没有进入高三之前,我有过惶恐,有过担心。当我在高三第一次月考反常失利之后,挫败感像十米巨浪一般从心底翻腾而起,"啪"地一声击碎了我对高考跃跃欲试的心,卷走了我全部美好的天真设想。出师不利,那是我最失落、焦急的日子。

我需要别人给我鼓励,让我重新拾起信心。我需要有人能给我榜样的力量,让我坚信不管跌得多痛,都可以从头来过。我需要知道:我不是一个人在奋斗!

在这个时候,我读到了一篇文章,叫做《花开不败》。文章中那位女孩的经历让我有很多的感慨。同样是不利的开始,她却选择靠着革命乐观主义精神和惊人的毅力实现了"幻想",走进了复旦大学的校门。她的坚持让我很惭愧,她的付出让我无言以对。我曾经以为自己很累了,原来还有人远远比我更累,却始终无悔。她通往梦想的路比我更远,她都可以用破釜沉舟的气魄走下去。我不过是一时的迷茫,有什么资格消沉放弃?

我把两句话抄到了时间规划本的扉页:有志者,事竟成,破釜沉舟,百二秦关终属楚;苦心人,天不负,卧薪尝胆,三千越甲可吞吴。豁出去了!那之后的一个月里,我每天都看一遍,然后开始豪情万丈地奋斗。第二次月考来了。我以平静的心情完成了试卷,却以最不平静的心情等待结果的到来。还好,虽然没能一下子跃回原来的状态,但已经在改变了。我需要坚持。

终于,又一次月考来了。直到现在我都还记得那一刻的欣喜若狂。那个分数不是给任何人看的,是给我自己。我很感谢那篇文章,同时也意识到:我确实需要励志的故事来刺激忙碌中快要麻痹了的头脑。我上网搜了很多励志的话语,句句都正中我的要害。我把它们抄在日程表的上方。每句话都是一个警醒,都是一次鼓励。我会在下面写些简短的感触,记下备考的心情。这是我卸下不好情绪的地方,也是我重新出发的地方。

高三的日子其实并不难过。在日复一日的单调重复中,高考倒计时已经进入了个位数的阶段。我的励志名言早就积成了厚厚一本,满满的是我一路走来的回忆。六月盛夏里,高考的考场格外安静,一如我的

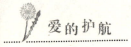

内心。

高考结束后,有一个同学曾经哽咽着对我说:"三年的努力,它凭什么用几张卷子就把我们都打发了?"我知道,离开纵然会有许多的不舍,可谁也不能改变。北京大学的校门已经为我敞开,我将和昨天说再见,微笑着走进另一种生活。无需感伤,只需铭记。

成长为人

每次我寻求班主任的帮助时,她总会给我一个大大的微笑,告诉我一定要自信,她是一点也不担心我的。每次我去找我的数学老师时,他都会在问明情况后把我痛骂一顿,让我知道其实我进步的空间还很大,我还有很多的时间可以好好利用。两个老师,风格不同,但分别在我掉落到两个极端时把我拉回正常状态,这在我的心理平衡的保持上起了很大的作用。

姓　　名: 张爱西
录取院系: 化学与分子工程学院
毕业中学: 北京市第四中学

首先声明,"成长为人"是盗用了我们学校2012届学生成人仪式主题的题目。当时觉得这个主题太过干枯,不就是把"成人"由两个字扩写成四个字么,一点儿也没有上届主题"翔凤凌云"那般霸气。而且我们在十八岁"成长为人",难道之前的十八年,我们就不能被称为"人"么?当时,确实一点儿没有理解这个主题的含义,一遍一遍地在成人仪式上听着"今天,我们成长为人",然后又一遍一遍地在台下嘀咕这题目的不合理性。

直到今天提笔写这篇文章,想要给自己的文章起个题目时,我才又

想起了这四个字,现在看来,成长为人,在我们十八岁的关口提出,还是颇有道理的。

成人,成人,成为一个智力健全、思想健康、有理想、有一定行为能力、能对自己负责的人,其实并不容易的。换句话说,不是刚出生,或刚刚涉足社会的人可以做到的。所以,我们所说的成长为人的"人",并不是字面意义上的人类,而是一个有一些想法、可以肩负一定责任的个体。这是需要时间经验积累的,而十八年,刚刚合适。

"成长为人",它是一个过程,又是一个警醒。

你必须非常努力才能看起来毫不费力

十八岁,我们成人了。与此同时,我们也会迎来一道可能会改变命运的关卡——高考。与其说这是巧合,不如说安排本就该是如此。成人,需要一点纪念,需要一些磨炼,这不是一个成人仪式可以解决的。所以,我们需要在这一年,耐下心来,为了自己,或是为了别人,为了这样那样的原因,拼上一把。于是,便有了高考,便有了高三的苦读。

高三的一年,对于我来讲,还是比较轻松的,那是多亏了高一高二的积累。所以在这里想提醒一下立志想考名校的学弟学妹们,高一高二真的很重要呀!那时,老师不经意间说的一句话,也许你把它记在了笔记旁边,以后就会帮上大忙呢。而且第一遍讲的感觉和以后串讲的感觉是完全不同的,错过了就再也找不回来了啊。

我相信,有想法考名校的人都是有考名校的能力的,而且有着一定的自信。自信这个东西,不能没有,也不能有太多。没有自信,无论如何,你都考不上名校;自信太多,就很可能与名校失之交臂。有些人认为自己天资聪慧,即使不怎么学,也能有一个很令人满意的成绩。这个

成长为人

想法的可怕之处在于,它在一开始可能被验证是对的,但是一定会在某一天被推翻,就像亚里士多德的理论被伽利略在比萨斜塔上推翻一样,因为其本身就是错误的结论。这个世界上真正的天才太少了,怎么就能保证自己是那千万分之一,所以,好成绩,还是一点一点积累起来的最为可信,不然哪一天它背叛了你,你会手足无措的。

还有一种人,他们看起来没有付出过多少,但成绩好得令人钦羡。于是便有人开始抱怨自己的智商不如别人,怎么学都赶不上。但很多时候,那些成绩好的人是不会让你看出他们有多么费力维持自己的排名的,以此享受那种被别人敬佩所带来的快感。但他们回家后,也会熬通宵,也会刷练习册。他们的成绩,大多都是用勤奋和汗水换来的。而且,他们必须非常努力才能看起来毫不费力。他们比别人又多了一项任务,轻松只是表面而已。

既然谈到了学习,那就稍稍分享一条我的所谓经验吧,其实我也只是一直信赖着这一条,才有的最后还算不错的成绩。那就是,坚持记录错题。错题是值得虔诚对待的,找个禁得住摔的,不会看腻的本,然后抄下每一道错题。有人说抄题浪费时间,不如剪下来,但我还是坚持抄,最懒的时候也只会漏过知识背景介绍。抄完后把这题重新再做一遍,哪里错了,用不同颜色的笔标出来,在以后的日子里一遍一遍地看,直到几乎把这题背下来。经很多人的实验,大考小考前看错题本是最有用的复习方式,比概念要来的要直接得多。那些人也就因此有了不错的成绩,当然,这之中包括我。

总之,你必须非常努力。看起来费不费力不重要,努力是王道。

你不是一个人在战斗

每次听到这句话都会觉得很激励,真的。

爱的护航

在过去的十八年中,一定有很多人曾经帮过我。家长,老师,同学,网上聊天认识的朋友,甚至是街上恰巧遇到的陌生人。遇到什么不顺心的事随便拉个人聊一聊,吐吐苦水,就会觉得轻松很多。有需要的时候,剪个视频、P个图片、打个电话就能把懂行的人叫来。有了他们,事情就会好办很多。多个朋友,多一条路。

在高三这一年,大家都是同一战壕里的战友,一同努力奋斗,又怎么可能不互相帮助。平常的日子里,我问你道题,你问我道题,你我之间共同讨论讨论,这都是避免不了的。正所谓你有一个思想,我有一个思想,交换一下,每个人就都会有两个思想。如此有益的事情,何乐而不为呢?与此同时,在高三这高度紧张的年份,大家心里都会有一些思想波动。这个时候,找不算太忙的同学聊一聊,暂时放松一下大脑,跳脱满是卷子的生活,憧憬一下以后的美好,想想现在做的一切都是会有回报的,心情就会好很多。

有人戏称我的高三就是学习,聊天,学习,聊天。实际上就是这样。我是比较容易悲观的人,一次不如意的成绩可能会给我很大的打击,让我质疑自己的能力。每每这时,我就会去找朋友聊天,聊一下午,然后回去继续踏实学习。他们总对我说:"你不是一个人在战斗。"然后给我指一指班里那些奋笔疾书、为了自己的理想奋斗的人。他们也许在成绩上还不如我,他们一定会受到比我更多的挫折,但他们不会放弃。而且,他们之中的很多人还担任着班里的各种事务,在用自己的时间和付出给大家营造一个好环境。最重要的是,每当我需要他们的时候,他们就会立即站在我身边,给我心灵上的支撑。既然这样,我有什么理由放弃,有什么理由质疑?这样的一群人,又怎么可能没有优异的成绩。我们都不是一个人在战斗。

除了每天并肩作战的同学,还有一股力量是不可忽视的,那就是我们的老师。他们亦师亦友。在我的诸位老师中,我最感谢我的班主任和数学老师。每次我寻求班主任的帮助时,她总会给我一个大大的微笑,告诉我一定要自信,她是一点也不担心我的。每次我去找我的数学老师时,他都会在问明情况后把我痛骂一顿,让我知道其实我进步的空间还很大,我还有很多的时间可以好好利用。两个老师,风格不同,但分别在我掉落到两个极端时把我拉回正常状态,这在我的心理平衡的保持上起了很大的作用。其实,我们这代学生所享有的师资中,年轻老师还是占了很大比例的,他们很容易与我们产生共鸣,我们很容易与他们谈开,所以,有困难,找老师,就像有困难找民警一样有用。他们阅历比较广,见过的学生比较多,给出的建议一般也就比较权威。我认为,找老师之后,只要听话,就一定能解决问题。

还有一个人,我需要感谢。她在二模后接了我的一个电话,指出了两个我最为严重的问题,并且给了我解决方案。告诉我在最后的这一段时间,一定不要再抠难题了,也一定不要再一遍一遍地看那些早就背熟的东西了,不要陷入垃圾时间,要"把好钢用在刀刃上"。学,还要学得日有所获。她要我在那个时候回归基础,注意书缝。而且,她还给了我非盲目的自信。我真的不知道该怎么感谢她。只能想在这里对学弟学妹们说,她说的都是对的,照她说的做是不会有错的。她是我一个朋友的母亲,在那之前,我和她基本没有怎么说过话,但那次,我们聊了一个小时。后来我知道,和他母亲聊过的学生,没有一个在高考中考砸的。这样,我就更觉得自己幸运了。

举这个例子为了说明什么呢?多个朋友,多条路。当你寻求帮助的时候,总会有人是招之即来的,而且会有很多人主动提出要帮你,就看你接不接受,以什么样的心态接受了。

你不是一个人在战斗,不是,永远不是。

还是那抓住机遇的事情

我一直相信好人有好报,所以一直努力做个好人,认真做事,宽以待人。其实这话是对的,它能在你最迷惘的时候给你光明——只要你做个好人,对得起自己,上天就绝对不会亏待你。

但是,我们不得不承认,很多时候,机遇很重要。

那个人,也许他不如你优秀,但他有一个很好的机会,可以让他一下子在同学面前证明自己,他就有可能一飞冲天。也许你会嫉妒他,但却又无力反抗。这就是机遇的力量。

若是仔细看,在任何时候每个人面前都会摆着很多的岔路口。此时此刻,我是好好学习还是放松一下,看会儿电视。现在看来,两个选择,似乎无关紧要,但当需要挤时间来学习时,也许我就会后悔为什么当初不去学习呢。当然这是个不算恰当的例子,我只是想说,一个小小的举动,也许会在以后有很大的效应。

纵观我走过的十八年,很多改变我命运的事情都是因为机遇。若是我不阴差阳错地参加一个考试,就不会考到我的初中,也就不会认识那个告诉我"不以善小而不为"的老师,是他让我一直相信世界上还是好人多,于是不把事情往恶处想,尽力去帮助别人。如果我没有参加高中的爱心社,我就不会知道慈善这个看起来很虚的东西究竟有多么大的力量,只要你肯将心比心地帮助,不是去施舍,他们会乐意地接受,并且心怀感激,也许还会从此改变他们的生活方式。这让我决定一辈子致力于此。

其实很多人的成功都不光是一直努力的结果——当然努力奋斗也是必须的——他们在恰当的时候选择了恰当的路,沿着路走了下去,最终看到了成功。而我们,最初也不知道那条路会通向哪里,但向着自己认为对的方向走吧,结局就在前方。不管它是好是坏,也要一直走下去,不要后悔自己曾经的决定，说不定哪个就是机遇。

遇到机遇，认出它，抓住它，这过程也许会很苦，也许会茫茫看不到尽头，但做了便会有改变，以后便会有意想不到的效果。

我性格的改变

说实话，在高中之前，我一直生活在一个很小的范围内，见得人很少，做的事很少，和陌生人打个招呼都会害怕。也许是因为来自一个非中心的地方吧。每天只是学习，和同班同学玩闹，骑车回家。没有什么课外活动，运动会的时候大家都在写作业，更不要提校际、国际的交流了。生活简单，也会让我和我的同学们心思也简单一些，没有什么勾心斗角，争抢机会，绸缪算计，所以我们看来都会善良一些（这里不是自夸啊），总会干一些傻事。虽然我很喜欢这种纯洁无瑕的生活，但在这种环境中，我终究没有长大。去做一些第一次做的，要与人打交道的事，总会害怕、紧张，大脑一片空白，而不是一个十五岁的孩子应该有的大胆尝试的状态。

但是，到了高中，到了一个处于中心的，是群众焦点的学校，迎来了一批新的同学，他们各有各的个性，说话也许会很冲，毫不顾忌。但是他们给人一种成熟、大气、敢迎接挑战的猛劲。那是我当初没有的，也是我当初羡慕的。

后来我发现，在这个学校，没有改变，是不可能的。

开学，自我介绍，班委选举，这些我都表现得相当低调，默默做个观众。学生会，社团，我终于鼓起勇气去参加了。我还记得当时在社团招新的时候在一张桌子旁边绕了半天而不敢走上前去，在学生会招新时结结巴巴地重复一句已经说过很多遍的话。想想当年，真的很幼稚。学生会的干事职务，我并没有被选上，但因为社团的门槛很低，所以我进入了所有我想进的社团,又因为当时比较乖,社团的活动全都参加,所以很快得到了社长的重视,然后就成了核心成员。

于是,改变就来了。成为了社团的核心,就必然要去为一些事情而奔走联系,怕人也不行了。从一开始鬼鬼祟祟地去各班找人,到后来可以大大方方地给学弟学妹们布置工作,我真的长大了。

当然,这只是各种锻炼之一。我们还有很多的机会。各类社团联合,模拟联合国,通用技术大赛,DV大赛,朗诵比赛;外地游学,我们去过江南、台湾、西昌、青海;出国交流,美国、新加坡、英国,学校和世界各地的优秀学校都有联系。这些活动,多多参与,都有益处。也许你会为它牺牲一些时间,但从中得到的乐趣、交往的朋友、收获的心得,都是可以受益终生的。

就这样,我慢慢变得开朗,敢和别人交谈,慢慢变得大气成熟。虽然我现在不敢说我不怕任何大场面,但毕竟和原来比起来,我已经长大了很多。

做杰出的中国人

从我踏入高中校门的那一天起,我就被告知,我要做杰出的中国人。

杰出,其实并不容易。这并不指你有多高的地位,多显赫的家庭,而是指你做出了很少人能做出来的事情,或者有过人的才能,有着只属于自己的标记,在人群中很有辨识度。

想做到这一点,需要一颗能够体察社会的心。因为只有造福于别人的事,才会被人所赏识,才会成为杰出。而且我们还要有执行力,看到自己看不惯的事情,社会上的不公平,就要想办法去管,即使很难,有了想法,就一定要去执行。除此之外,我们还需要恒心,坚持做下去的决心，既然走了第一步，不妨就咬咬牙继续走下去，不管遇到什么困难，都要坚持下去。

总之，每一个考到北大的人，都被赋予了神圣使命。我想，大家的目标都是做杰出的中国人吧，那就为此奋斗努力吧！相信大家，相信大家有改变世界的能力！

一路走来

> 我爸爸平日里总是一声不吭,默默地在家里待着,然而他已经为我做了十几年的"车夫"。从上幼儿园起,爸爸就会每天接送我上下学和去周末的各种补习班。从起初的助动车到后来的小轿车,爸爸总是风雨无阻地接送我读书。他一直说:"做事要有始有终,坚持才能有所收获。"

姓　　名:张乃卿

录取院系:工学院

毕业中学:上海市上海中学

获奖情况:2011年全国高中数学联赛(上海赛区)一等奖

从小学到中学再到大学,一路走来,有成功,也有挫折,有快乐,也有焦急,下面我就来和大家分享一下我在这些年学习生活中的一些体会与想法。

我自己的学习经验和方法

我在初高中的数理化学科竞赛上均有所收获,拿过大大小小的奖项,下面我也着重介绍一下我在理科学习方面最重视的一个学习习惯。

那就是要真正弄懂每一个学过的知识点。一般的学习过程是先学习知识点，再通过做习题来进行巩固。但是，有些同学可能一开始没弄懂知识点，但却做得来习题，后来也就不对其进行深究，以为自己已经学会了。其实，如果你没有了解这个知识点的本质，而是对每一道习题就题论题地做，那么当习题改变一下它的外表，依旧需要应用这一本质时，你就会摸不着头脑。

比如我在高一的时候，为了数学竞赛，周末会上许多数学竞赛班，上午、下午、晚上三个老师三个竞赛班，有专门教几何的，专门教数论的，还有教二试大题目的。一整天都在外面补课，我根本没有时间去细想它们，老师教的题目我都听懂了，但真正的本质还是没明白，下次遇到一样的题目都不一定做得来，更别说类似的了。上了这么多课貌似我懂了许多，其实什么都没学会，看到了类似的题目，你认识它，但却无从下手。这样也容易造成"眼高手低"的情况。那段时期，我见识了许多难题的做法，便对一些简单的题表示不屑，我爸爸当时也会常常说我"简单的不屑做，难的做不来!"其实当时我简单的题目都不一定做得来，就是因为我的知识点有缺漏，这也导致我在高二的数学竞赛上一无所获。

之后我便深刻认识到这样学习的重要性，在高二升高三的暑假，我没有上任何数学竞赛补习班，每天都在家中做《中等数学》的模拟试题。做完后，我会把所有题目，特别是自己做错的题目，都分析一下，了解题目考的知识点，弄懂其本质，遇到不懂的知识点，便会耐下心来，翻阅一些专题的参考书，并举一反三，多做几道相类似的知识点的题目，这样才能做到真正掌握，了然于心。有时正在深究一个知识点时到了饭点，我也会带着问题来到餐桌前继续思考，这样思路不断，印象也更深。

高三数学联赛考试的场景就在眼前，犹如昨天，其中二试的第一道

几何题给我的印象最为深刻。它考了调和四边形的一个性质的逆命题。而我就在考前前几天做到过这个性质的正命题，我当然对其进行了思考，领悟了本质，逆命题当然也就得心应手了。这也让我取得了一等奖，获得了保送资格。

因此，我认为，要真正弄懂所学过的每一个知识，脚踏实地，是学习成功的关键。

老师和家长独特的教学理念和教育方法

周建新老师是我高中三年数学班的老师。他个子不高，中等身材，戴着一副中规中矩的眼镜，一眼看去就觉得是一个文质彬彬、慢条斯理的读书人。他头发有时会很乱，像"龙卷风"，由于抽烟牙齿上有些许黑斑，但是去年戒掉了，说着一口湖南口音的普通话，能徒手画出"滚圆"的圆，比其他老师用圆规画的还圆，写着一手清晰工整的好板书，上课时会轻轻拍着讲台，说："听啦听啦！"同学们都很喜欢周老师，因为他身上带着一股浓浓的学术气息，他循循善诱，谆谆教导，带领我们走进数学的海洋。

周老师教数学题时，总会引导我们思考。在讲解完一道题后，他常常会再写一道相类似的题目要求我们课后思考，或是要我们进行推广，同学们总会在课后积极思考，做出答案的同学会第一时间去和周老师交流，周老师也会在下次上课时很认真地表扬这位同学。他常常会竖起大拇指说："这做法，牛！"这样更激励了同学们去努力思考，并且向其他好同学学习，形成了良性循环，班级里充满着学术的气氛。

周老师在课上也不会一味地讲题目，他常常会给我们讲以前学生的光辉事迹。当了二十多年老师，周老师教过的学生数不胜数。他常和我们提起牟晓生、郑凡、李泱、聂子佩等前几届学长的好习惯、好品质。

他会说，牟晓生做几何题把图画得很大、很标准，图画得好才能看出一些几何关系，做出几何题；郑凡门门功课都很好，语文作文也都很有思想，总是门门功课年级第一，总分年级第一；李泱读书也很好，郑凡不在，他总是第一；聂子佩每天做 14 个小时数学，废寝忘食，常常一个人在操场上冥想。这些学长们都是我们成功的榜样，也正是周老师的这些故事让我们更加明确了前进的方向，让我们更有信心和希望。

周老师对数学抱有一份敬畏之心。班上总会有同学不做语文、英语的作业，却义正言辞地说在准备数学竞赛，其实多数都是在玩而没时间完成作业。周老师知道了总会说："我绝不允许你们打着数学竞赛的旗帜去玷污数学！"学习数学是神圣的，怎么能拿它来当作不做其他作业的理由呢？周老师一直教导我们一定要在学好其他课程的基础上来学习数学竞赛，这也让我们有了更加全面的发展。

我高二时数学竞赛考得不好，什么奖都没拿到，有些灰心的时候，周老师总会鼓励我。记得有一天他把我叫进办公室，详细地询问了我暑假备考的情况，然后说："你这次发挥有点失常了，平时做题还不错，水平还是有的，接下来一年要继续努力，明年会拿一等奖的。"他这语重心长的一番话让我重新对未来的学习燃起了希望。为什么周老师的话就会有如此大的激励作用呢？因为他是一名老教师，经验丰富，阅人无数，同学们都很敬重他、相信他，他说明年有希望就一定有希望。而周老师也凭着自己的资历鼓励着像我一样的许多同学，即使我们本没有实力与希望，在他真实诚挚的鼓励下，也会拼命努力，最后就真的取得了成功。

周老师不仅是数学水平高超，更重要的是，他十分善于给班级同学营造一种学习的氛围，他会给我们每个人一颗积极向上、热爱学习数学的心。我们会向学长们学习，会在课后为一道题绞尽脑汁、互相讨论，会在课余时间学习数学，这些都是周建新老师带来的，他照亮了我们前进的道路，指明了我们努力的方向，他能让我们自己主动地去学习，去奋斗、他使我们改变了许多。

我父母都是很平常的人，他们教育我的方式也很平常，便是和其他父母一样，让我好好学习，天天向上。但是，他们在我学习路上十几年如一日地陪伴在我左右，也成就了它的伟大。

我爸爸平日里总是一声不吭，默默地在家里待着，然而他已经为我做了十几年的"车夫"。从上幼儿园起，爸爸就会每天接送我上下学和去周末的各种补习班。从起初的助动车到后来的小轿车，爸爸总是风雨无阻地接送我读书。

记得我上幼儿园的时候，我爸爸放学来接我，那天下了大雨，爸爸的头发全都淋湿了，走进班级，同学们笑着对他说："张乃卿爸爸，你洗过头啦！"爸爸憨厚地笑了，站在门口静静等着我出来。

还有一次，我小时候学下国际象棋，那天又是马歇尔台风，雨大风急。晚上，爸爸开着助动车来到象棋老师的家中，已是浑身湿透。回家的路上，一阵大风吹过，车子便会横着漂出好远，雨披也根本抵挡不住大雨的侵袭，我们早已变成了落汤鸡，但爸爸还是让我坚持不断地去学棋，他一直说："做事要有始有终，坚持才能有所收获。"回到家，妈妈已是等待得焦急万分了，她给我们吃浸在白酒里的杨梅，还问要不要喝姜汤，生怕我们淋湿感冒。

每天放学回家，我都能看见一桌丰盛的晚餐，一个礼拜鸡鸭鱼肉样样有，营养又好吃。高中的时候，我渐渐变瘦了，妈妈总会很担心地说："吃的这么好怎么不长胖？"吃晚饭的时候，我们总会交谈一些学校里一天发生的事，也会说说学习与考试，她总会督促我要抓紧学习，餐桌前洋溢着温馨而又积极的氛围。我高二的时候，学业比较繁重，既要准备数学竞赛，又要兼顾学校里的其他功课。我的历史一直学得不太好，每当要考试时，我就会像无头苍蝇一样，捧着几本历史书，翻来翻去不知所措。大考时,我妈妈便会坐在我旁边,和我一起复习,帮助我理清各个年代、各个人物所发生的不同事件。我还清楚地记得复习到晚上十二点半的我睡眼惺忪地躺上床,妈妈还在床边帮我讲孙中山1905年成立中国同盟会的事,妈妈为我这么晚睡,第二天早上起得比我还早为我准备早饭,就是这样的坚持、鼓励、陪伴、帮助,让我在学业上有所成功。

父母做的事很平常,但在每天的一点一滴中,他们给我创造了一个努力学习、积极向上的学习环境,也用他们的一言一行鼓舞激励着我进步。当然,父母在鼓励我读书的同时,更注重我的为人处事、性格与习惯的培养。妈妈常常会在我学习之余和我讲许多发生在我身边的人和事,让我自己去感悟和体会,我应该做一个怎样的人。

爸爸妈妈会让我独立思考,自己去体会和学习,他们更多地是鼓励我,帮我指明前进的方向,给予我信心与希望,也相信我会获得应有的收获。

面对学习中遇到的问题

1. 处理课内学习与课外活动、个人爱好之间的关系

我认为,课内学习是十分重要的。当然,课外活动可以增长见闻、锻炼能力;个人爱好可以陶冶性情、激发兴趣,应该平衡好三者的关系。对于我来说,在繁重的学业压力下,就像高中,课内学习当然占据了我的大部分时间。在这些时间内,我会提高我的学习效率,在有限的时间里,完成更多、更高质量的学习。而对于那些零散的空余时间,我会合理地安排,可以参加课外活动,如科技节,既锻炼我们的思维,又让我们把课内学习的知识应用到实践中,加深了我们对课内知识的理

解。我还可以根据爱好和同学们一起运动。我会打打篮球、打打乒乓球，活动筋骨，放松身心，让一天疲惫的身躯恢复活力。闲暇的午间，我还会和同学电脑下下棋，活跃思维。总之，课内学习当然是重中之重，但适当地放松一下可以让生活更加丰富，身体更加健康。

2. 保持良好心态

学习生活中总会遇到各种各样的困难、挫折与压力，这时就应该保持一个良好的心态，天道酬勤，厚积薄发，只要努力了总会有回报。

我高二的时候参加全国数学联赛，什么奖都没拿到，周围好多同学都拿了一等奖，获得了保送资格，还有许多拿了二、三等奖，为明年打下了基础，一种挫折感与压力油然而生。是不是应该不再准备数学竞赛而去主攻高考？是不是我还不够努力？我开始怀疑自己，看不清自己前进的方向。但是老师、父母的鼓励让我重新相信自己，我在接下来的学习中努力保持着良好的心态，继续尽自己最大的努力准备竞赛。学习是能够终身受用的，即使高二没有得到一等奖，对于数学的努力，也使我的数学水平长进不少，这样对于高考中的数学，我也可以有更深刻、更透彻的理解。努力过了就不留遗憾。怀着这样一种豁达的心态，我在暑假及高三数学联赛前的两个月里尤其刻苦认真，每天都有规划，踏踏实实地做好弄懂每一道题，我的数学水平也自然有了质的飞跃。我印象最为深刻的是当我升入高三，竞赛前的一个多月，学校会布置繁重的学科作业，很少有时间准备数学竞赛。我便在晚上十点寝室熄灯后，用应急灯坐在书桌前做模拟卷，每天都规定自己完成一套，有时会做到深夜一点，第二天白天便会把做错的题目理解分析，日复一日，我已沉浸在数学的海洋中。就要考试了，我的水平并不一定能拿到一等奖，但回想过去一年，或是高中，或是我从小的竞赛生涯，我努力过了，便抱着一颗平常心，并不急切地想保送，发挥出自己的水平，不要留下遗憾，便好了。

  一颗平常心伴我走完了学生时代的竞赛之路，虽然历经坎坷，但却有一个好的结束。也许随着时间的流逝，我会渐渐忘记竞赛的各种数学知识定理，但我不会忘记我曾经奋斗过的那一段日子，也不会忘记我的平常心。凡事看开一点，怀着平常心，面对今后的困难挫折，走好今后的人生路。

一棵树的长成

父母为我的成长提供了有益的温床。最爱的故事书,带我见证了丑小鸭度过严寒的坚韧、诸葛亮七擒七纵的宽容、达芬奇日复一日的坚持;珍藏的生日礼物,是为我解答疑惑、给我开阔眼界的《十万个为什么》;期待的假日,是在祖国的山河中见识我所不知道的事。在这种环境中,不知不觉就会让我了解许多,爱上许多。

姓　　名:张诗佳
录取院系:光华管理学院
毕业中学:陕西省西安高新第一中学

也许是静立在桌角的石砚,也许是出行路上的美丽风景和迷人故事,也许是在小手下旋转的蓝色地球,悄无声息的,一颗种子埋在了我的心田。

萌芽,父母的影响

深埋在泥土中,年幼的我静静生长着,汲取着养分。

父母为我的成长提供了有益的温床。最爱的故事书,带我见证了丑小鸭度过严寒的坚韧、诸葛亮七擒七纵的宽容、达芬奇日复一日的坚持；珍藏的生日礼物，是为我解答疑惑、给我开阔眼界的《十万个为什么》；期待的假日，是在祖国的山河中见识我所不知道的事。在这种环境中，不知不觉就会让我了解许多，爱上许多。

父亲的博学，让我的迷惑总能得到解答，而他的好学，也深深带动了我。虽然是个理科生，他却钟爱诗词和书法。每当他在午后，铺开洁白的宣纸，磨开浓黑的墨汁，用心书写着，让墨汁在纸上晕染，我都会在一边静静看着。看着我询问的眼神，他说是因为觉得自己学理科，缺陷太明显。工作后更发觉自己的无知，所以要给自己充电。那番话触动了我，让好学、不断完善自己的希望成为我学习生活的主线。

母亲的活泼，让我们更像是一对朋友。爱玩的她，带着我看了海的包容、山的淡薄、时间的无情、自然的伟大。而旅途，又是一个新的学习过程。我学到了不同于家乡的风情民俗，学到了用心灵去感受百年前发生的事，学到了应对突发的事件，更学会了静心。美景给人的震撼不是相机能保留的，而是用心去体会的。那种与自然沟通的感觉，让我在无比紧张的时候可以静下心来，喘一口气。

正是这样一个家庭，让我对外界充满了兴趣和了解的欲望，却没有被逼的压力和反抗，快乐地成长。

成长，老师的引导

种子在泥土的滋养下，发出嫩芽，慢慢成长着。辛勤的园丁看护着我，引导我不断向上。

如果说小学的老师为我打下基础，中学的老师给我灌输知识，那么高中的老师则是教我如何运用之前的积累。在高中，我们的老师并不信奉填鸭式的教育，而是注重培养我们的学习方法和思想。于是在历史课

爱的护航

上，全班为了一道选择题"引经据典"，从不同角度剖析出题者的意图；政治课上，针对一个热点事件，我们也经常各抒己见；语文课更是自由，每个人都有机会向大家讲述自己的写作灵感和素材。记得有一次地理课，老师甚至将全班分组，发了《国家地理》让我们自己出地理大题。就在这样的氛围中，我们学会理性地分析历史事件，辩证地看待时事政治，分享生活的灵感，合作找出问题的关键。这是我从未遇到过的经历，老师的教育方法让我们重新领悟到了学习的乐趣。

老师的引导不仅在学习上，也在思想上。语文老师将自己作为一个文人的傲气教给我们，让我们自信、有涵养、懂礼仪；英语老师用自己的个性，教会我们正义、正直与干脆；政史老师用他们别有深意的幽默，引导我们透过虚无的表面看到问题的实质，不偏不倚。老师们用他们的知识和人格魅力深深吸引我们，引导我们成为有内涵、有思想的学生，而不是呆板的做题机器。

老师实施的素质教育培养我们的心智，而老师们的关怀让我们的集体成为一个大家庭。一些贴心的昵称、逗乐的玩笑、低落时的鼓励与拥抱，还有偷偷塞在手中的糖，都在心中渐渐化开，酝酿成力量，让我们在最不能坚持的时候坚持。

就这样，小树苗们在园丁的浇灌下成长，向着天空成长。园丁擦擦汗，知道它们会成为栋梁之才。

向上，小树自己的选择

小树渐渐长大，有了自己的想法，有了自己的担待，也有了自己的选择。

从小父母给我的成长营造了一个自由的氛围，这也让我能够自由地追寻自己喜欢的东西。世界杯后，我成了一名"伪球迷"，喜欢上了看球时的心跳感觉。然而由于时差缘故,球赛直播往往在凌晨,这会影响第二天的学习生活。最初看球的兴奋也渐渐被疲倦蒙上阴影。终于,我做出了妥协。在校的日子,我就全心全意地学习。那段日子很累,但也很纯粹。当我埋头在习题集中难敌倦意时,我总会安慰自己,到周末就可以休息了。而每到周末,我就彻底放松,做自己想做的事,不去想学习中的压力。所以在紧张的高三,我仍然能够平衡学习与爱好,既保持了学习的状态,又满足了自己的"小私心"。

  不过,在紧张的环境下,压力还是有的。一次次的大练习,成绩总是会有起伏。有时自己越是着急,越想提高成绩,就会越发现自己力不从心。我有时也会痛苦,也会怀疑自己,在不安中迷失自我。幸好,我有老师同学帮助我。成绩上不去时,我会找同学,问问他的想法。他总是告诉我不要在意成绩,而要在意自己犯的错误,为高考那一仗打基础。而我的班主任也经常鼓励我,说要感谢上帝让我在高考之前又找到了自己的易错点。是的,过去的错误是为了今后不再犯错。老师和同学的话让我的心一下子放了下来,从此看淡考试,笑对结果。

  做到最好的自己,把结果留给上帝,尽力就好。

  小树充满自信,做出自己的选择。

磨砺,小树愈发坚强

  树苗在风雨中成长,找到了属于自己的诀窍。

  对于学习,每个人都有适合自己的方法。想要学得轻松,就要找到属于自己的方法。有时你会觉得自己比别人累,却效果不好,要相信自己,你会学得更扎实。我自己的方法可能不算最好,但我觉得十分适合我自己,总结起来有三点。

  第一,要学会改错。把自己做过的题好好体味,找出自己思维上的

漏洞。做题不在于数量，而在于质量。如果做过的题能够不再错，那么犯错的几率会大大降低。将错题研究透彻后也便于举一反三。

第二，提高效率，学会休息。我每天要在学校上晚自习，作业和习题就会抓紧时间完成。回家后简单地温习功课就可以休息了。有时我也会看看报纸，放松一下，顺便了解时事。整个高三，我都能保持6～7个小时的睡眠时间。因此，上课才能集中注意力，把老师讲的转化为自己的知识，运用起来也比较自如。

第三，就是要有一个好的心态。成绩并不代表一切，不能过于重视。考试的目的不在于排名，而在于找漏洞。其实同学的能力差距并不大，只是看谁能够发挥出来。所以我们需要保持一个良好的心态，正确对待考试。轻松面对，也许会有惊喜。

结语

一棵树的成长，需要阳光雨露，需要泥土芬芳，需要承受风雨，需要做出选择。我们就像一棵树，要感谢父母师长们为我们提供的条件与帮助，要感谢朋友同学对我们的鼓励和陪伴，也要感谢挫折和坎坷让我们更加坚强。

希望我的话能够有所帮助，让更多学子都能成为堪称栋梁的大树，成为北大莘莘学子中的一员。

这一年,这些年

深夜里听着我把心里的委屈说完,替我着急的,是你;带我到办公室,手指着每一个字、每一道题帮我解决问题的,是你;悄悄在试卷的某个角落写上"有梦的孩子注定和他人不同。晓丹,加油,老师为你骄傲,因为你是我的孩子"的,是你;听到我不停的咳嗽声,摸摸我的头,课后把一大块香蕉放在我桌上的,是你;毕业那天,你把我拥在怀里,我流着眼泪轻轻地说"老师,我舍不得你",啜泣着说不出话来的,也是你。

姓　　名:李晓丹
录取院系:哲学系
毕业中学:山东省潍坊第一中学
获奖情况:山东省"三好学生"
　　　　2011年第十届全国创新英语大赛全国一等奖

那一年盛夏,未名湖畔,博雅塔前,一个女孩把一张写满密密麻麻的字的纸条折成千纸鹤的模样,小心翼翼地将它放在燕园土地一片生长得正旺的薄荷叶上。叶面几粒尚未风干的雨珠闪着光亮,纸鹤一飞冲天的姿态,一如女孩心中的梦想。

纸条的结尾处这样写道:"北大,等着我。一年后,我来兑现我给

你的诺言。"

这个女孩是我,一个向往了燕园十几年的孩子。就在高二结束的暑假,在我参加完北大优秀中学生体验营将要离开的一刻,我把梦留在了燕园。

一年后这个最美的夏天,北大梦圆。我终能面对未名湖兑现诺言。这一年,这些年里,在追梦北大的路上所经历过的挫折、挑战、成功夹杂着痛苦、无奈、欣慰、喜悦和感动的滋味一并涌上心头,抹不掉,忘不了。

人生需要裂帛的勇气

我一直相信"冥冥之中",相信"人在做,天在看",相信"天道酬勤",相信付出了比别人多几倍的努力,经历了比别人多几倍的苦痛,便能到达他人到达不了的地方。即便付出了,一时无任何收获,那只是因为我做得还不够;即便在写着"人生"二字的土地上拼尽全力耕耘,到头来也无一颗果实收获,也许他人不知道这些努力,但我知道,我问心无愧。

是的,人生是需要裂帛的勇气的。这一"裂",一定有一个美丽的梦想、目标做指引,一定是人在想放弃时的坚持、不离不弃。

我常常戏称自己是"后进生"。进入初中后的两年里,我的学习、生活似乎一下子失去了重心。我忙碌于班级工作、学生会及大大小小的社团活动,学习这个第一要务似乎成了这些丰富多彩的活动的附加品。十分清楚地记得,初二结束时,我滑到了年级将近四百名,勉勉强强算个中游。我迷茫着、痛苦着,看着眼前这些可怜的分数我只感觉梦里的燕园离我越来越远。不知有多少次,哭着哭着就睡着了。我感觉自己是汪洋中的一叶扁舟,在一片无边的深色中无力地挣扎,没有动力,没有目标，也没有勇气。

当我在自己的迷茫中渐渐失去自我，爸爸对我说："人无论遇到什么，都不能轻言放弃，特别是不能放弃自己的梦想。"我才意识到，人生重要的不是所站的位置，而是所朝的方向。我向着北方，朝着一个名叫燕园的神圣的地方，方向对了，接下来便是风雨无阻的努力了。

想起初三那一年，那段收拾行囊再次启程的日子，总忘不了课上紧紧追随老师目光的眼神；忘不了课上随手记下听不懂的知识的字迹；忘不了课下追着一个同学讨论一道题的情景；忘不了忽略外界的喧扰皱着眉头做题的那个身影；更忘不了那无数个安静的夜晚，从秋到冬、从春到夏，那盏直到深夜还未灭掉的灯，还有暖黄灯光下伏案写字的那个静静的自己。

翻开初三的课本，几乎每一页的边角都还留着橡皮尚未擦干净的铅笔字痕迹。用手抚摸着这些现如今已看不懂是什么意思的符号，我知道，这是一个追梦的孩子一笔笔描绘着自己的理想和未来。因为初中前两年的基础较差，初三学起来很吃力，遇到课上老师提到的不懂的名词术语，我总是会拿着铅笔以最快的速度记在课本的一角，课间我会想尽一切办法把它弄明白、搞透彻，再用橡皮轻轻擦掉。记得每次拿着橡皮做这件事的时候我都是笑着的，就像跨栏，我在认真地跳起、落地，跨过每一个障口，没有突变，没有飞跃，只是一步一步跑，一个一个跨，踏踏实实，勇往直前，期待着云过天晴的时刻。

在那一年里，我一步步赶到了一模时年级第一的位置；在那一年里，我学会了制订计划，学会了管理时间，妥善安排学习和课外活动实践的关系，积极参加了艺术节、科技节，并带领全班稳稳拿到第一名的成绩，还是做着我喜欢做的班长的各种事情，往返于老师办公室和学生发展中心；在那一年里，我收获了同学们由衷的信任、鼓励和支持；在那一年里，我遇到了值得感激一辈子的老师——班主任宫老师；也是在

爱的护航

那一年里,我以突出成绩考取了那所后来给我另一个更大的舞台的高中——潍坊一中。

感谢15岁的自己,感谢那时的坚持,那时的梦想。就像一只小小的蜗牛,在一棵树上,向着最高的地方、最亮的光一步一步爬。在别人遇难退缩的时候,我低着头前进;在别人走的时候,我在跑;在别人放弃的时候,我在坚持。

自己选择的路,就是跪着也要把它走完。

带着嘴角不变的弧度,全力以赴

"学姐,如果给高中三年以重要性大小排序的话,你会怎么排啊?"这是一个即将踏入高中校门的小妹妹问我的问题。

"这三年中的每一天都很重要,孰轻孰重,确实难下结论,不过非得要排序的话,我觉得应该是高一、高三,然后是高二吧。从现在就开始努力吧,不要把遗憾和压力无情地全部堆给最后一年。"

"从现在就开始努力。"当高中生活渐行渐远,我愈发体会到这句话的重量。路是自己走的,没有人和自己争。若要把路走好,只需要把握好属于自己的每一分钟,走好脚下的每一步。高一的一年,我把它当作高三来度过,其实,那段把自己塞进每一分钟每一秒的日子,是那么充实,那么快乐。记得还没进教学楼老远就能看到的几个大字"努力就有收获,坚持必定成功",记得那时在心里默念这几个字时的心潮澎湃,记得三九严寒清晨出宿舍楼时未被打破的夜的宁静和还未归家的月亮,记得和好友雨晴踏出冬日揽月桥雪上第一排脚印,记得盛夏树林里念着英语的两个人的身影,记得一千个夜晚上晚自习的灯火通明,记得很晚很晚关上教室门时楼道里的回声,还有下晚自习路过竹林望着天上的金星,我说过的小小梦想。高三一篇日记中我这样写道:"高三以来的几个月,生活平静、充实,几乎每天都是笑着度过。前几年,当别人停下的时候,我在走;现在,当别人慌乱疾跑的时候,我还在走,按着我自己的节奏走,不慌不乱,平静从容。就这样,带着嘴角不变的弧度,全力以赴。"

高二,我选择了文科,出乎很多人的意料,也听到了数不清的反对的声音。抚摸着曾经带给我荣誉和骄傲感的物理和化学的课本,很不舍,但我自己心里知道,自己还是更偏爱文科的,它才是我真正喜欢并且擅长的。我知道,通过它,我也许能走进从小魂牵梦萦的北大。我坚持着,更感谢爸爸妈妈给我的力量和支持。我只觉得,前方的路变得明晰起来,心,不再犹豫和彷徨。我自己选择的路,我不后悔。

高一、高二两年的时光,我没有虚度,我在认真地过好我的每一天。在课外,模拟联合国、演讲比赛、写作大赛、运动会上有我的身影,"走进社区"、"走进军营"社会实践活动中有我的脚步,更特别的是,通过网络自发的公益组织"花粉基金会",我将每个月节省下来的零花钱和过冬的衣物寄给广西百色贫困的同龄同学,并与他们结下深厚情谊。列夫·托尔斯泰说,人类被赋予了一种工作,那就是精神的成长。如果说从这些活动中获得了什么的话,那就是敢于创新,勇于担当。

高三。桌角一直贴着的一句话伴我走过了不平坦的一年:做一个耐得住寂寞的人,做一个内心强大的人。记得在高三的第一个月,我读到《我们都不是神的孩子》,刻骨铭心地体会到只有拼出来的美丽,没有等出来的辉煌。是啊,我们都不是神的孩子,我们只是有梦想的孩子。前几天收拾高三所有的课本、资料、习题和考卷的时候,没有感觉多么有成就感,只是有一种想哭的冲动。我静静地把堆得比我人还高不少的书和模拟卷分类,对这一年的种种感情,在心里翻卷。回首这 300 多天,模糊又清晰,相似而又不同。真的有点心疼那个自己,伏在桌案上,一天又一天，一个月又一个月。任外面的世界怎么变化，我的世界永远有着做不完的题，看不完的书，还有那个支撑我走下去的燕园梦。我能做的，就是拼命地学习。也许在很多人的眼里，我是那么优秀和突出，我的路是那样的平坦，一切事情都是水到渠成，可是，只有我清楚，自己偷偷掉过多少次眼泪，有多少次撑不住的时候咬着牙坚持，面临选择时内心多少回挣扎。这些，我只想忘记，我只想抱着那个记录着奋斗过的青春的高三在阳光里静静地睡去。

高三一路走来，有坎坷，有坦途，有雨天，也有那么多艳阳天。在这些酸甜苦辣咸掺杂的日子里，我收获了一些心得。

敢于拿自己做"试验"。每个人的身体、心理都是不一样的，在学习的过程中，一定要试着摸索适合自己的作息时间和学习计划、方法，切忌亦步亦趋，打乱自己的正常节奏。高三的时候班里有个女生中午从不回宿舍休息，吃完午饭后就在教室里做题，而且下午、晚上依旧精神饱满。高三时间紧、任务重，我算了算，如果我也能这样的话一天我可以挤出一个半小时呢，于是我开始了为期三天的"试验"，检验这种方式是否适合我。第一天很顺利，中午多看了不少东西，下午和晚上的自习几乎一点都没受影响，我很兴奋。可是到了第二天，我下午就撑不住了，两个眼皮打了一下午架，恨不能一下课就马上睡着。第三天，这样的状态严重影响到了我下午和晚自习的学习效率。于是，我果断放弃了中午省出时间学习的打算，无论这对别人是多么有效，我知道我并不适合，我宁愿拿出我最大的热情对待每一分钟的学习。

拥有一个会思考的大脑是一个人一生最大的财富。记得数学老师说过一句"至理名言"：多想想是为了少算算。的确，对于文科生来说，要注重"悟"的存在。也许有的时候，尤其是数学，题不在多，有悟则灵。在看过一遍书、做过一套题后，一定要拿与看书做题相同的时间跳出题海，想想自己的收获，反思自己的易错点，最好能建立知识点和典型例题之间的联系。平时这样的时间花的多了,考场上一些思路便会顺手拈来,节约宝贵的答题时间。

爱上自己的每一位老师。因为爱,老师是美丽的;因为爱,她(他)们所任教的学科是有趣的。想想这一年每一次对老师推门的那一瞬的期待,想想那个注视着老师一举一动生怕落下什么的眼神,想想对于老师提的每一个问题我竭尽全力的思考,想想那个趴在老师怀里肆意哭泣的自己,突然感到,有爱的陪伴,不觉得苦,不觉得累。

无论一路有多难,我只记住,一切都是个过程,快乐才是个终点,阳光每天都会洒在我的身上。

有你们,真好

这一年,这些年,有你们的陪伴,真好。

也许有的事情真的一辈子都忘不掉。难忘那个很暖的下午,你把一个画着笑脸的苹果默默放在我的桌前;难忘在我委屈的时候,你把花三节晚自习的时间写完的《致友》悄悄夹在我的书里,还记得信的末尾写着"因为你是我的朋友,一辈子的朋友,而且,我坚信,你的明天一定更加灿烂";难忘我们一起拉着手,在操场上转了一圈又一圈,落日余晖把两个人的影子拉得那么长,那么长;难忘你和我下晚自习路上手捧着零食,听着两个人的脚步声,说着高考完了自己"雄伟"的暑假计划,那么快乐;难忘很晚很晚的夜,回宿舍路上为赶宿舍关门时间,跑得两个人气喘吁吁说不出话来,互相看着对方大笑着;难忘那年春天,洁白的白玉兰前,你告诉我你不想长大;难忘临近高考时两个人见面时的不多言语,就那样相视一笑,其实我知道你要说什么。

我喜欢称呼你、你们为战友,我们为各自那些相似而又不同的理想并肩战斗着。也许很多年之后,我们还会聚在一起,说说那一年、那些

年我们共同奋斗过的日子和不悔的青春岁月。

总喜欢拖长了音叫你一声"老师",也总喜欢听你喊我一声"孩子"。深夜里听着我把心里的委屈说完,替我着急的,是你;带我到办公室,手指着每一个字、每一道题帮我解决问题的,是你;悄悄在试卷的某个角落写上"有梦的孩子注定和他人不同。晓丹,加油,老师为你骄傲,因为你是我的孩子"的,是你;听到我不停的咳嗽声,摸摸我的头,课后把一大块香蕉放在我桌上的,是你;毕业那天,你把我拥在怀里,我流着眼泪轻轻地说"老师,我舍不得你",啜泣着说不出话来的,也是你。

你真的懂我那个渐渐明晰的燕园梦,真的明白一路你的孩子的坚持,对吗?我说过,成长的路上有你,真的很幸福。你说,孩子,记住,无论什么时候,你都不是自己一个人,你有我们。我记住了,而且想说我永远都是你的孩子。

小时候,你和我一起把"一塔湖图"装在我的心里,而现在,女儿即将远行,我的爸爸妈妈。初三的时候,你送我一句话——"让优秀成为一种习惯";进入高中,你说"心有多大,舞台就有多大";临近高考,你又悄悄写着"平衡安谧,驾驭人生"。女儿已经几年没有认认真真地观察过你们的模样了,忽然意识到你们已是人到中年,突然发现你们头上的一缕缕白发已是清晰可见,我心里酸酸的。在追梦北大的路上,是你们,陪我走了那么远,那么远,好多年,好多年。也许,只有你们才知道女儿坚不可摧的外表下包裹着的是柔弱得似一根苇草的灵魂,也只有你们才知道,女儿很多的情感不是不存在,而是不知道怎么表达才好。

迈出家门,一个人,真的要开始旅行了。我会努力好好照顾好自己,一颗继续追梦的心,永远都不会受伤。几多风雨过后,你们的女儿已经变得坚韧,而且愈挫愈勇。北大是我又一个梦开始的地方,女儿定

这一年，这些年

带着你们的希望，飞向更高的地方。

在我的生命里，遇到你们每一个人，是我的福气、我的幸福。喜欢冰心老人的一段话："爱在左，情在右，走在生命的两旁，一路播种，一路开花，将这一径长途点缀得鲜花弥漫，让穿枝拂叶的人们，踏着荆棘却不觉痛苦，有泪可落却不是悲凉。"我细心地回顾所来径，感慨良多。亲爱的你、你们，用你的一言一行和情深血浓，浸透了一个孩子成长的行径，成长的路上有你们，真的很幸福。谢谢你们。

与北大，总有一种说不清的缘分，从追梦，到即将成为一个"北大人"的这一年、这些年，铭记于心，永生难忘。就像今年三月去北大参加面试的时候所说："唯此独立之精神，自由之思想，学人之自觉，历史之责任，深植余心，为不可更也。"

我知道，北大不是一个标新立异的时髦小伙，他更像一个深邃慈祥的谦谦长者，勇于把民族的使命背负。为今日之北大，明日之中国担当，这是"北大人"的责任，这是我的责任。

老师们的口头禅

这种另类但颇有实效的复习方法对我们大有裨益,我们的知识面不仅仅局限于课本,但又不是一味超纲,而是相互结合。用老师的话说:"'植物的一生'将你们高中的绝大部分重要知识点串联起来,这可是我'品'出来的哦!"

姓　　名：李世豪
录取院系：光华管理学院
毕业中学：江西省江西师大附中
获奖情况：第28届全国高中学生物理竞赛(省级赛区)一等奖

提起笔来,竟发现自己所谓的经验大多是老师们的口头禅,也不知自己为何平时并未用心去记下些什么,而此刻这些箴言却又无比自然地从笔端流淌出来。

一、化学老师

"我希望你们多发发呆,多思考思考……"

——化学老师

我曾经以为这是老师对我们高一上课开小差时故意讲的笑话,但在

老师们的口头禅

逐步走近高考，学业愈发繁重，压力愈加沉重时，老师说话时严肃的表情使我开始尊重这一"发呆"建议。

当自己面对一道道"变态"的数学难题手足无措，面对一道道冗长的物理压轴题耐心耗尽，面对繁杂的化学元素性质或"只可意会不可言传"的勒氏原理，还有那可称做"浩如烟海"的生物概念……头昏脑涨，欲哭无泪，似乎自己的每一根神经纤维都苟延残喘于绵绵不尽的学科轰炸之中，而短暂的冥想可以让我挂一会儿"免战牌"，抖擞精神，然后 keep fighting！

就这样，关上刺眼的白炽灯，让自己暂时陷入黑暗，休憩，三分钟。

在这三分钟里，我想到可以用 mindmap 将生物概念串起来理一理（细胞的分裂不就包含遗传么？遗传规律的本质不就是减数分裂的概念特点么？遗传推至个体就有了生物工程……），我想到了可以在物理长长的题干中画出我需要的条件以使之醒目（就是这小小的几笔下划线，节约了理综考试中的看题时间），我想到了可以借助元素周期表和元素周期律把所有金属与非金属连接在一起记（记熟的元素性质，加上勒夏特列原理就构成了所有化学平衡原理）。这些虽然都是些小的技巧，但冥想的过程使我明白，把无边的苦闷转化为理智的思考，从而以清晰的头脑面对困难，这可比发牢骚更重要！

在这三分钟里，我也"哲学"过，想过自己疲劳终日的意义，想过自己有哪些缺点，但最重要的一点是，我改变了自己对大学的看法。

在保送考试之前，其实我自己对于大学都没有一个定义，且不说"大学究竟有何用处"这一宏伟命题吧，我连自己为什么向往北大都没想清楚。为什么保送考试时要报这所学校呢？我开始回想，回想到自己拿到物理省级竞赛一等奖后是多么"得意忘形"，回想到自己在申请保送名额时便已经沉浸在"保送成功"的幻想中，回想到自己在保送考试

爱的护航

前一个月中是何等的忙忙碌碌而又碌碌无为，最后出乎众人意料地失手，其实一切都在情理之中，我只是向往名校的名气而已，我只是痴迷于名校的名牌"空壳"罢了，如果大学只是一个利用名气包装学生的工厂，那我疲命十一年苦读又有何意义？

大学应该是一座资源的宝库，一块助我成就梦想的平台。

扪心自问，我的梦想又是什么？只是考取一所颇有名气的大学么？

其实一个肤浅的目标只会让自己走得更加迷茫，而立下崇远伟大的志向未必是是自命不凡的表现！

于是，那时就鼓励自己，一定要做出"足以改变世界的大事"！而现在，我要做的就是小小的第一步：考取一个理想的大学，让自己离梦想的天空更接近。

就这样，目标在茫茫题海中才愈发明晰，信念也在一次次思考中更加坚定，我不再是为一所名校的敲门砖忙碌，而是为了自己的目标而永不停息。

通过冥想，我会用张晓风的"神圣的事业总是痛苦的，但唯有这痛苦才能把深沉给予我们"来安慰激励自己面对下一场模考；通过冥想，我会用老子的"天下之难事必做于易，天下之大事必做于细"来提醒自己要多啃基础，注意细节；通过冥想，我会用庄子的"水静犹明，而况精神！圣子之心静乎！天地之鉴也，万物之镜也。"来调整心态面对每一次得失。

当然，有时候就老老实实听老师的，发一次呆嘛，心若安好，便是晴天……

于是乎，直到最后我一直都保持着良好的心态，心如止水，无比自信地走进了高考考场。

二、生物老师

"愈是复杂的问题愈需要'品','品'字很重要。"

——生物老师

第一次见面,老师就送给我们这样一句话。他说他要改变我们对于生物这一学科的偏见:"不要以为生物是文科,强记不是生命科学的奥义!你们以为生命是可以强记出来的吗?"

至少在第一个学期,我便是这么认为的。

显然我错了,很快,我知道了孟德尔豌豆园的两大遗传定律可以衍生出无穷的形状比可基因型,摩尔根养了一大堆果蝇揭开遗传连锁定律。如果你仅仅知道"显隐性性状"、"等位基因"、"复等位基因"、"显隐性上位"、"XY非同源区"、"XY同源区"、"配子致死"和"胚胎致死",只知道老孟的两大定律的内容而不知道在什么条件下成立。遗传规律的奥秘,你就完全没有体会到!况且遗传学只是生物的一小部分而已!!

在老师的一连串质问下,一门需要品味、需要钻研的学科以新的面貌向我们走来。

原来自己以前只是学了些皮毛罢了。

于是在一个个曾被视为枯燥的概念中,我们对于生命系统的认识不断深刻而明确,也为过去无知造成偏见而赧颜。现在,我们不再会为一个概念的记忆而烦闷,而是为了一个正确的理解而争执;我们不再只为做题而做题,我们学会了"品题"。

品,是老师的口头禅,而品题,则被老师认为是做题的最高境界和获取知识的最佳手段。通过品题,我们知道了"基因敲除"是种较前沿的基因重组技术,我们知道了动物体细胞克隆时往往将整个体细胞而非细胞核注入受体细胞中,我们知道了诱导 iPS 干细胞广阔的前景,我们

知道了培育三倍体无籽西瓜时不用四倍体父本授粉给二倍体母本的原因,我们知道了单克隆抗体技术已经不是流行色了。更重要的是,在品题之中,我们逐渐发现了些命题的规律,于是在老师的指导与鼓舞下,我们班两次开展了命题活动,出现了很多高质量的改编题甚至原创题,有的同学的原创遗传题甚至在老师的修饰下成为学校月考的压轴题(当然要比原题难多了)。

到了高三下学期,当别的老师或忙于复习或忙于找题时,生物课上我们仍然在新知识中徜徉。课本上的知识似乎根本满足不了我们的"胃口"。在老师的带领下,我们又开始走进植物的一生,尽管我们的植物学知识仅限于植物激素,但种子的生成、成熟、休眠、萌发等一系列新点竟在老师一次又一次的板书中和老知识挂上了钩:"同学们看,这是种子发育到成熟到休眠时,种内各种激素含量及蛋白质、脂肪、多糖的变化……";"同学们,胚乳是由受精极核发育来的,胚是由受精卵发育而来的,子叶则是……如果性状表现在子代胚中,要几年才可以得到老孟的经典比例?和子叶一样吗?";"看!这是种子萌发时的呼吸峰,这是呼吸熵的变化图,有氧呼吸和无氧呼吸变化尽在其中……";"阳生植物与阴生植物的叶片大小,叶绿体的大小、密度、形状、颜色都有点不同,这是为了适应生物群落垂直分布的需要啊……"。

这种另类但颇有实效的复习方法对我们大有裨益,我们的知识面不仅仅局限于课本,但又不是一味超纲,而是相互结合。用老师的话说:"'植物的一生'将你们高中的绝大部分重要知识点串联起来,这可是我'品'出来的哦!"

课堂上,我们时而正盯着课本概念,时而又回到老师当年上大学的故事,"当时(解剖)做完了,兔子就被我们煮了……你们偷过农科园的花生么,那个品种可是相当的好啊……"但是,兔子不是白"吃"的,花生不是白"偷"的,我们知道了动物神经的大致模样,我们知道了花生的营养藏在它肥厚的子叶而非胚乳中。

老师风趣幽默,下的一手漂亮的围棋,又是金庸小说的骨灰级粉丝,上课时引经据典,时不时冒出一两句笑话引爆全场,寓人于乐,妙哉妙哉!

记得老师曾说过:"不论你们将来是否从事生命科学,但希望你们把对生命的尊重之心保持下去,我希望你们在忘掉所有生物概念后,不要忘记生命的复杂、珍贵、伟大、神奇。"

哪敢忘了呢,而且我们更不会忘记可爱可敬的您!

三、英语老师

"英语是个'小女人'!"

——英语老师(班主任)

当她一本正经地说出这样一句惊世骇俗的话来时,就一发不可收拾了:"如果你每天都张开你的小嘴读读我(我当时完全崩溃),用你可爱的耳朵听听我,脑海里想想我,做题目时记记我……我一定会疼你爱你以 140 以上的高分回报你,我的 darling!"

她老人家的表达方式果然很异国风情啊。

就是这样,每天去"读"、"听"、"背",还有记错题与练字便是我们老师日日基本要求和致胜法宝。

"每天都要照顾下你们的'小女人',放假了也不要没有热恋的激情!"她给我们布置了寒假看美剧的任务时提醒道。但意志一向不坚定的我,果断被"第三者"插足了——柯南剧场版和火影忍者,要是柯南是美国人拍的该多好!结果"小女人"果断翻脸不认我了,英语听力能力以自由落体的速度直逼零点。"完全听不懂啊,感觉像法语……"在周记中,我向英语老师无奈地透露了"家丑"。"加油啊,

'小女人'会回来的。"她安慰着我这深陷于"失恋"之痛苦泥沼的可怜人。

也许班上的男生都被"小女人"整过了,女生也被"小男人"翻过脸,我们明白不单单"伤感是爱的遗产"。对于我们,"英语不给力"无异于"破产"。

从那以后,再也没人敢怠慢他/她了……

英语课上,单词听写、句子翻译、课文背诵,我们力争过关;下课了,既然短暂的十分钟做不了数理化,还不如掏出英语错题本读上几道经典好题;入睡前,为了高考作文满分,练会字吧……我们不求高考时英语如何奇光异彩,只求别拖后腿,"小女人"别再翻脸啦!

"愚子,单词还没背呐……"

"什么?*Supermonkey*(我班的一本单词书)已经背完了Y?"

"邓大人早就刷完高考题了,你还一张未写啊……"

愈接近高考,我们竟发现自己也变得像"小女人"一样挑剔、讲究、严苛了。

后来,我们班那个邓大人一不小心高考全卷满分(150),我们说他是求爱高手,不然怎么叫"小女人"以身相许了呢?而我们班近半数人作文满分,全班平均分141分。

这样傲人的的成绩使我们不约而同地想到了一个人:一个在我们"感情"受挫第一时间安慰我们的人,一个在1095个日日夜夜里为我们操劳的人,一个在高考考场前站了20多年但仍为我们班50多人担心而考前一夜失眠的人,一个每场考试坚守在校门口和我们握手、拥抱、鼓劲的人。刹那间,words failed us.

而她,又回到了教室,理理斑白的鬓角,一本正经地对着高一的新面孔说:英语是个"小女人"……

四、物理老师

"做题要讲究通性通法,以不变应万变。"

——物理老师

此句话并非老师口头禅,倒也是她老人家的授课妙义。

而物理老师最常说的就是:"话不多说,你们把黑板上这道题做出来,做完举手。"举手投足间,一股"大姐大"、"舍我其谁"的气息迎面而来。

物理老师所出之题一般没人见过,也不知她积累了多少精题,至少我们班那些刷题猛男是甘拜下风。她出题很有意思,题目只抄大意,配上一张简图("我这是提醒你们,考试时一定要画出条件、快速审题!"她解释自己为什么板书最偷懒),然后粉笔被优雅地平抛而出,她就开始云游全班,搜寻"最快最佳"的答案了。

有时,她也会出选择题。

"你们做完了吧?!"

"嗯!"

"这道题选 A 的举手。"

"唰!"不少爪子举起来了。

她冷哼一声,仿佛无限鄙视,顿时消 A 一大片,功力何其了得!

"就坚持不了了?一点也不相信自己!"她斜着嘴一脸冷笑,手中的粉笔以 1 赫兹的固定频率做上抛运动。

A 群胆战心惊,再无人举爪更改。

"选 B 的呢?"

"C?"

"D?"

她继续保持冷笑表情,然后以无限鄙视的口吻淡淡地说:"那些不

选A的人还是没学透啊！你们那些举了又放下的人是怎么了？啊?！我讲的还不清楚啊，这个情景……"

终于，"轰炸"完了，选A并坚持者暗暗庆幸，其他人等则一片萎靡，突然她又说："我刚刚可是看到有人没举手！干嘛！自由党啊！"

"下道题！"只见她秀手在原题图上一抹，下一道题就出现了，省板书真是省到家了！

"选A?"若干人等举了……

"选B?""C?""D?"大家基本上都表达了意见。

只见她眉头一皱，一股寒气顿时袭向我班可怜的孩子们。

"不错，都举了，聪明了?！"她恶狠狠地把每一个字咬了出来，天，到底是举还是不举啊？

气温降至冰点，要活命的都不敢出大气。

然后，只见她诡秘一笑，百花凋零，刘海微扬，百雀归巢，她微微叹了口气，显然十分满意于自己绝伦的场景效果控制技术，吐了句："哼！这道题其实没有答案！"

就这样，全班在寥寥数语中就被无情地"虐"了。

我们的物理课就是这样，像抱有侥幸心理"寿命"一般不长。而老师讲解知识点之精妙仍在物理组一骑绝尘，无人望其项背，我们情愿被"虐"啊。

"复习时，要注意电学与力学结合，其实电学中的难题往往是力学中的中档题……"

"力学最难不是牛三，而是平衡，何时用正交分解，何时用三角形相似，何时用我教你们的力矩分析，怎么分析最快，你们都要多翻翻以前我讲的题目啊……"

"物理其实变化不多，难度不算太大，除了2008年一道全省平均不过1分的磁场题外，不会太难的。关键不是做题而是方法，以不变应万变……"

老师所出之题，虽然难了些，但十分全面且具有代表性。比如，如何处理斜面上滑块的静动摩擦一直是班上不少同学的弱项，老师果断抛出一节课，在一张图上改编出七八种题图，将这种题目的所有类型都一一讲明，接着她又要求我们将这几张图用两句话总结，"这才是通法！"

理综考完那天，走出考场立即看见了物理老师热情温和的笑脸（我没看错）："物理不难吧？"

嗨，至少没有没选项的题啊！

五、感悟

不知道多年以后，转过身来已不是少年的我再回味老师们这一句句"口头禅"，这一句句或激励或意味深长的话，又会有怎样的感触？

谨怀着对老师们的崇敬之情，拙笔成文，以抒感慨。

妈妈独特的"家教"方法

就像刚刚提到那样,妈妈不是不关心我的学习。她跟我说,如果你能做到一百分,那么九十九就是一个遗憾,如果你的能力只能达到九十分,那么九十分就是成功。她给我信心,告诉我所有的知识都是我可以学会掌握,我可以是最好的,合格不是六十分,而是一百分。

姓　　名：刘晓玮
录取院系：信息科学技术学院
毕业中学：北京市中国人民大学附属中学
获奖情况：第28届全国中学生物理竞赛北京赛区二等奖
　　　　　第6届全国高中应用物理竞赛一等奖
　　　　　北京市第十二届学生艺术节舞蹈展演一等奖

讲到母亲的教育方法我有许多话想说。我的妈妈是个非常好的妈妈,无论从什么角度来说。

记得从小到大,每次放学见面或者打电话,她不会像很多家长那样问孩子在学校学到了什么,老师有没有批评表扬,小红花得了几个,考试考了多少分数;而是会问我今天在学校开心么。妈妈并不是不在乎我的学习,而是更在乎我是不是开心地过好了每一天。她每天这种问候让我以开心为生活的意义,每天都会尽力过得开心,尽力过得充实愉快。

妈妈独特的"家教"方法

在学校的每一天我都会很开心,无论是上课还是课间和同学聊天、做游戏、探讨问题。于是从小学习于我来说就是一件开心、值得期待的事情。

就像刚刚提到那样,妈妈不是不关心我的学习。她跟我说,如果你能做到一百分,那么九十九就是一个遗憾,如果你的能力只能达到九十分,那么九十分就是成功。她给我信心,告诉我所有的知识都是我可以学会掌握,我可以是最好的,合格不是六十分,而是一百分。虽然也不是每次都可以得到满分,我都会努力完成所有我能做到的,向着完美努力。

对于时间安排,妈妈也会给我提一些要求。她希望我能尽量充分利用时间,可以在一定的时间中做更多的事情,无论是学习还是玩、休息。一直有项作业叫改错,妈妈总是说这项作业是可以不用做的,可以节约下很多时间。这不是指不做老师留的这项对学习很有帮助的作业,而是如果第一次做题的时候不做错,就不用改错了。所以,很有道理的,为了减少作业量,我在第一遍做作业的时候就会尽量认真,减少错误。而且,妈妈还对我有另外一个要求,就是做任何事情(学习或者玩)的时候都要专心、一心一意。这样可以玩得很开心,学得很有效率(这点很多教育专家都有提到过)。并且,妈妈总是要求我在上课后都一定要在第一时间复习,按照艾宾浩斯记忆曲线,这样会更有效率一点。妈妈都会在这样细节的地方给我很重要的帮助,帮我养成良好的学习习惯,对我很有帮助、很重要的学习习惯。

奥数,因为很多中学都将其作为录取的要求,于是被家长和孩子重视。为了上好的中学,送孩子去上各种各样的补习班,做无穷无尽的奥数题。在我小的时候,直到四年级才开始系统学习奥数。但是之前我就很喜欢数学、奥数,原因是妈妈看了看奥数的书,觉得很好,于是一年级至三年级的时候就每天晚上坐在床上给我讲解,真的觉得很有趣。有人说，兴趣是最好的老师。妈妈培养了我对数学的兴趣。之后参加一些奥数课，做奥数题，对于我来说就像是一个得到了心爱礼物的孩子拆开包装盒时的心情。因为妈妈，一切都是那么开心。而且，因为开始得比较晚，所以时间就会比较紧张，妈妈帮我筛选过所有题，把她觉得很好的题拿给我做，并且把我做错的或者不会做的题筛选出来让我不断重复做。我每做一道，妈妈都会比我多做一道甚至更多的题。虽然我没有付出很多同学付出过的努力和汗水，但是妈妈帮助我很有效率地学会了同样的知识。

不仅仅是对于学习，对于其他方面的综合培养妈妈也有她的方法，让我很开心地做任何事情。我小时候学过电子琴，每周都会有琴课，也会有老师要求的每天一小时的练琴时间。对于小时候的我来说这是极其煎熬痛苦的，因为我不是很喜欢音乐，也不喜欢坐在那里不断地练习，而且不是很有这方面的天赋，音感不太好。当我和妈妈说我不喜欢练琴的时候，她没有像有些家长那样逼我继续练习，而是很耐心地跟我聊天，问我原因，问我喜欢什么。我说我喜欢舞蹈、艺术体操。知道以后，她帮我停了琴课和练琴时间。但是电子琴还是摆在那里，可以供我开心的时候随便弹弹。虽然琴弹得不太好，但是弹琴于我来说是一件开心的事情，可以令我放松。我想如果当初妈妈逼迫我接着练琴的话，我可能会永远失去对琴的喜爱，结果违背最初希望我培养兴趣的初衷。我四岁开始学舞蹈，六岁开始学艺术体操。每天放学妈妈都送我去练两个小时的艺术体操，周末带我去少年宫跳舞。和学习提的要求一样，她希望我能投入到所有我喜欢并且决定要做的的事情上，把一切能做好的事情做到最好。舞蹈课上，老师时常会批评有的同学不专心、偷懒什么的，但是从来没有批评过我。我知道我喜欢舞蹈，我做了要跳舞的决定，就要尽自己的能力去把它做好。在我热爱的舞蹈中，伴随着音乐，把每个动作做饱满，让自己开心地享受舞蹈的过程。慢慢地我成为了舞蹈课上的领舞。上了初中,加入了中国人民大学附属中学的舞蹈团,在那里的姐妹都跳得极其好。我失去了原来的那种优越感,于是几次想到要退出,但是妈妈都会劝导我:有自己的热爱是件幸福的事,不应该为了一些其他的事情而放弃。那种喜爱是纯粹的,不是因为做得好才热爱。于是我坚持了下来。高中的时候我想退出舞蹈团加入学校其他的社团,妈妈尊重了我的决定。很谢谢妈妈当年的不断支持、鼓励让我坚持了下来。虽然在舞蹈团不是很显眼,很多节目都轮不到我上场,也不是有很多机会站在舞台聚光灯下,但是每每看到晚上艺术宫三楼舞蹈教室的灯亮着,就会回忆起、怀念着在那里度过的无数夜晚。所以,我特别希望在大学,一个新的起点,能加入舞蹈团,当然是北大的舞蹈团,再续我的舞蹈生命。

到高中和朋友聊天的时候发现,他们家长口中总有一个别人家孩子,就是亲戚、同事、朋友的孩子。"别人家孩子"会学习好,体育好,有能力,老师喜欢……众多优点。这些"别人家孩子"的存在给了家长还有孩子很多压力和很高的要求。当时我很惊讶,因为我父母从来没有给我说过一个别人家的孩子,他们从来都跟我说我在他们心中是最好的,虽然他们也会指出我各种各样的问题,但是他们永远都是在我的身边支持我、鼓励我。能拥有这样的父母是我今生最幸福的事。

妈妈在我的人生中发挥了不可替代的重要作用,真的很感谢她。我不知道以上所谈是不是符合要求的"家教"方法,但是希望列举的从小到大妈妈为我做出的事情能对某些家长有些帮助。在这里,我真心地谢谢我的父母,在我人生的十八年里,为我做了那么多。因为你们,我从来没想过会有比我更幸福的孩子。

失败经历，成功精彩

的确，多与人沟通能够提高自己的抗压能力。遇到烦恼时，向老师咨询，可以得到最贴切的帮助；跟同学谈心，可以得到最善意的关怀；与父母倾诉，可以得到最温暖的关心。成长路上，多寻求他人的帮助，这不是麻烦别人。对长辈，是对他能力的相信；对朋友，是对你们友谊的信任。

姓　　名：庄秋玲
录取院系：社会学系
毕业中学：广东省深圳市西乡中学
获奖情况：广东省"三好学生"
　　　　　广东省第三届中学地理奥林匹克竞赛高中团体一等奖
　　　　　广东省第三届中学地理奥林匹克竞赛个人一等奖
　　　　　全国中学生"卡西欧杯"英语语言能力竞赛一等奖
　　　　　第十届全国青少年航空航天模型比赛一等

《朝抵抗力最大的路径走》，《我很重要》，《北大是我美丽而羞涩的梦》——高中语文课本前三篇课文的标题贴切地概述了每个文科生曾有过的心理状态。

花开，蝉鸣，叶落，雪飘，寒窗十二载，如今那个美丽而羞涩的"北大梦"已经实现，而那些朝抵抗力最大的路径走的努力，那些我很重

失败经历，成功精彩

要的自我鼓励，在成为回忆的同时，也将成为未来不断进步的动力之一。

自卑或自信，这是个问题

不知是从什么时候开始，我的内心就被深深印下了这样一个烙印：我是一个跟别人不一样、什么都比别人差的孩子。小学三年级参加英语奥林匹克竞赛，培训几个月后，却临近考试时退缩了，因为我不想竞争，很害怕，我问老师，我可不可以与别人合作一起考，当然你可以猜到这个源于心理恐惧而提出的可笑想法会得到什么样的回答；初中和朋友出去买衣服，我从来不出口评价哪件衣服漂亮时尚，因为我觉得自己一定是没有眼光的孩子，不要说出来让别人看笑话；高一第一个学期，老师通知我参加学校的作文比赛，以便学校选出种子选手来参加区里的竞赛，可当一群人围在老师身边时，我站在圆周的最外围，并事后提出不愿参加比赛。后来还是在老师的再三鼓励下，我才"勉为其难"地在赛场上"憋"出了一篇文章，出乎意料的是，我成为了高一唯一一个上榜的学生，拿了全校第二名，而第一名是一个高三的学生。随着时间的推移，我渐渐明白，我不是和别人不一样，也并不是比别人差，真正让我退缩的其实是那被我掩饰为谦虚的自卑。

在同学家长眼里，我是一个事事优秀的"别人家的孩子"，有时朋友的父母拿我来与其是数落不如说是是激励他们的孩子，我都会觉得无比的内疚，多少次我都想脱口而出，其实我只是一个普通的孩子，会自卑，会退缩，会偷懒，会犯错，所有同龄人会犯的错误我也可能会犯。而在努力学习的同学眼里，我就像一个理所应当要考第一的学生。临近高考，高二同学在我们的窗户上贴满了花花绿绿的鼓励的字条，其中不少署名是要送给我的，她们称我为女神，并言"浮云"般的高考在我面前是"神马"，那时我心里泛起的是被称赞的虚荣还是"被自信"的无奈，我已经记不清楚了，又或许两者都有吧！对，就是这样，因为我就

201

是这样"相信"别人的。高一的同桌是个才华横溢的男生，字飘逸秀气，文空灵感性，读声情并茂，又当团支书，又是学校电视台主持人，活动主持总少不了他的身影，同时他还代表深圳闯入希望之星英语全国总决赛，然而就是这样一个身经百战、舞台经验丰富的强人，居然告诉我们，在学校举行的一次面试演练中，上台的时候他的脚其实在发抖，当时的我诧异万分，要知道就这么一个小型的面试，像我这种菜鸟也没有异常紧张，如果连他都紧张了，那么我也不算很差啊！惊奇之余，心中暗暗窃喜。偶然中，又听闻，那个我崇拜了三年的女神般的学姐，原来最怕、最讨厌的事情居然是写作文，以致她在大学期间选了与文学完全不沾边的经济学，要知道她有能力在人才济济的深圳市现场作文大赛中夺得一等奖第一名，文字功底必定是一级棒的。可这样羡煞众人的本领居然是她所害怕的，实在匪夷所思。

曾经的我总爱以谦虚来作为我自卑的借口，成为我逃避挑战的借口，可现在的我更愿意用自信来迎接挑战，并将厚脸皮地接受出糗及失败。因为我明白，只有不怕失败，同时也只有经历过失败，才会有进步。"人比人，气死人"，有时想起这句话，真是觉得好气又好笑。的确，每个人都得有一个参照的坐标系，以此作为定位自己的标准，如果没有了证明你比别人优秀的成绩，我想什么自信都只是空中楼阁，经不起考验，因为成功是建立自信宫殿的砖瓦。

现在，不妨抬头看看那些曾经被你高高瞻仰的偶像，你会发现，他们其实和你一样，都是普通人。不信，低头看看，有些人正在下面仰视着你呢！

我的学习我做主

当初选文科的初衷很简单，因为害怕考试会紧张。而理科正是需要

失败经历，成功精彩

清晰的思维来保持严丝合缝的推理过程的，而我不行，又或许，只是我，告诉自己不行。因为，实际上当时我的理科成绩和后来的年级理科第一还是有得一拼的。

可后来的我发现，除了极少数人之外，大多数人其实是文理通吃的。不管你多聪明还是多愚钝，不下苦功夫，你永远也只会在中间段游荡。我没有什么过人的天赋或聪明的脑壳，唯一可以让我引以为豪的便是我的勤奋劲儿。去年广东省的文科状元说："我不是最聪明的，但我一定是最勤奋的。"同样，当同学向我探讨学习经验时，我的回答永远只有两个字：时间。保证了时间，才能保证你的成绩，时间一定是最基本的筹码。短暂的勤奋不难不苦，但持续长久的勤奋却会很累，每个人都会勤奋，所以在这个竞争社会，你必须比别人更勤奋。

如果说时间是一道菜的主材料，那么一定得先撒点盐，再淋些汁，同时还得讲究刀工和火候，这道菜才能同时满足味蕾和肚子的需要。当然，还不能忽略品尝者的口味喜好。因此，鲁迅先生的"拿来主义"，我想同样也将适用我们的学习方法。既然你承认自己是独一无二的，那别人的学习方法又怎可以全盘套用呢！

作为一个文科生，不能忘记的当然是最重要的背诵技巧。"不死不活，半死不活，先死后活"，一句在高中生里广为流传的口诀，实际上讲的是政治的背诵与运用，因为只有对原理熟记于心，才能灵活地调用它们来解题，这便是"先死后活"。但真正要将原理记牢、用准，还需要理解，因为只有理解，才能内化，才能和你原有的知识连接起来，成为很自然的一部分，调用起来也会顺畅许多。除了理解，我们还需要琐碎的时间来不断强化。在高三的开学典礼上，我作为文科特尖班的代表发言，由于是在暑假期间，准备的时间比较充裕，在演讲的前一个星期，我便已经完稿，之后每天早上简单地朗读两遍，心里其实并没有刻意去背诵。但出乎意料的是，开学那天在台上我居然不假思索地如流水

203

般背出了那篇千字文章，着实让上台前忐忑不安的自己也大吃了一惊。也是从那时开始，我亲身体验到了艾宾浩斯记忆曲线的魔力。当然，最便于将这种理念付诸实践的便是英语单词的背诵。从高一开始，我便买来袖珍英汉小词典（里面是线装的），一小捆一小捆地扯下，差不多只有手心大小，放进校服口袋刚刚好。这样，一有空闲时间，便可以从口袋里掏出单词表，既方便又实用。有时我在做广播操前忙着找小字典时，班里同学总会调侃："又要撕书啦！"接着便是相视一笑。

  既然说到时间，当然少不了锦上添花的效率。效率问题，是一个老生常谈的话题，但却很难说清楚。提高效率的方法有两种，一是借助于一定的工具方法，二是靠自身的投入专注度。我们这里讲的是第二种。高三里，上进的学生往往想抓住每一分每一秒，就算身体已经疲劳，也要克服自己坚持下去。我也无权说这种隐忍坚持是对是错，因为我想尽管没有任何一个成绩优秀的学生是全身心热爱略显枯燥的课堂并愿意每天对着厚厚的一沓教科书、练习册，但我们或多或少会经历这样坚持的阶段并选择坚持下去。然而，当实在坚持不下去时，休息或运动是绝对必要的。我们班有一个男同学，思维特别有深度，貌似有多动症的他总是坐不安稳，下课期间总爱说说笑笑，又或者在栏杆处与三五同学极目远眺。其实说说笑笑之间，交流了思想，而在远望沉思的过程中，也将许多问题深入思考，同时也舒展了绷紧的神经，这样他在上课期间又能保持活跃的思维。在他身上，似乎看不见高考的阴影，但在被一所名牌大学破格录取后，他却放弃资格，选择继续高考，后来在高考中竟也超常发挥，获得了年级第四名。如此看来，与其埋首书堆却头昏脑沉，纯粹耗时间，还不如与同学谈天论地，交流见解或者静静散步，反思近来学习中的不足。因为"假如我们是一群牛，那么有一天我们会惊奇地发现，低头看路的我们，已经不知不觉被那些抬头看路的家伙给甩了"。

  此外，我们还要处理好老师、教材、课辅和网络资源的关系，不能

失败经历，成功精彩

过于依赖一方或疏离一方。老师就像智能知识库，虽然不像课本那样精确，或网络那样广博，但却有无限的经验传授与你，帮助你详略得当地备战高考。传统的观念是靠大量刷题来提高成绩，而视网络为洪水猛兽，因为因沉迷网络而荒废学业的例子实在太多。可是只要学会如何好好利用网络，网络其实是一个巨大的资源库。高考举行了那么多年，应试教育虽饱受诟病但也由来已久，网络上关于应试的技巧，如答题的规范，知识点的总结，提纲、课件等早已洪水泛滥了，当然其中的凝炼、经典的精品也不在少数，而这也只需要鼠标轻轻一点便囊括手中了。我们要学会用高科技来服务学习与生活。

最后，作为一个文科生，当然少不了广涉猎，多阅读。一样事物，不去尝试，不去深入，怎么会知道自己是否喜欢。正如培根所言，"读书足以怡情，足以博彩，足以长才"，所以多读书，确实有益。至于是什么样的脚丫在你思维的绿茵场奔驰，大可不去计较，多多益善。只要是之后觉得这本书内容低俗，文笔粗超，大不了下次不去瞧它便可。要是觉得还可以，那便可以深入去了解，开拓视野。这样便好比品味食物，非得亲口品尝之后才知道其是否美味，是否符合自己的胃口。但在品尝的过程中，那份经历已经是无可比拟的惬意与欢愉。

那些年，是你们陪我一起走过

奋斗在高三的路上，没有哪一个人可以说自己是单枪匹马杀进象牙塔，因为每一个人都或多或少得到过周围人的鼓励和指导。

高一的时候，高考在那时的我看来，是"神马浮云"。当高考生如潮水般涌出校门的时候，我看着他们，心里满满的是羡慕，其他的便再也激不起一丝涟漪。高二的时候，用心地学，痛快地玩，无忧无虑，却也进步得最快。高三第一次考试，却不料遭遇了滑铁卢，这一役打乱了

爱的护航

我原本平稳的步调，我隐约意识到是该改变高二那种学习态度了，该抓紧时间了。或许是求胜心理过于急切，深圳一模考得我焦头烂额，信心全无。特别是数学，考到一半几乎想弃笔而逃，坐在椅子上如坐针毡，全身燥热，头脑混乱，后来听理科班的一个同学说，那是因为肾上腺激素分泌旺盛的缘故，不过我还是硬着头皮熬到收卷铃声响起，才落荒而逃。一模一结束，我因为要做一个小小的手术而在医院休息了整整一个星期，老师知道我在考试期间的情况后也让我在医院好好休息一阵子，反思一下学习生活中的一些不足及如何改进。于是，我便借着生病的缘由，在医院好好"放纵"了一下自己，生活过得甚是惬意。但不料，麻烦事却一件一件接踵而来。出院那天，一模分数公布，我掉到了年级的第四名，尽管早有心理准备，但成绩出来的时候还是狠狠失落了一把。而上次超越我夺得第一的同学居然掉到了第九名，老师说其实她心里也特紧张，原来大家都会紧张啊，我又抚慰了一下我受伤的心灵。没想到，那天又得到六天之后去北京参加香港大学面试的消息，而五天后是高考的口语考试，两者都需要英语口语，而这正是我最恐惧的。再加上落下一个星期的课，这些烦恼和担忧沉甸甸地压在我心里。最后和爸爸的一次吵架有如最后一根稻草，压翻了心里那只不堪重负的小船。

休养了一个星期，身体好了，但心却犹如肿胀了一般，仿佛轻轻一碰便会滴血。周日中午，我带着久别一个星期的陌生感回到学校（我们是寄宿学校，周日晚上返校），心里满是失落，而走入学校大门，抬头一望便是学校百日誓师大会的红色横幅，心不由一紧。

来到教室，看着中午提前来学校自习的同学一个个埋头苦读、心如止水的样子，再想想自己一箩筐沉甸甸的烦心事，我觉得自己再也承受不了，眼泪夺眶而出。我跑到实验楼后面偏僻的厕所放声地哭了半个多小时，由于还未到返校的时间，除了高三提前返校的学生，学校还是空荡荡的，所以我哭起来也肆无忌惮。由于不愿向父母求助，我打电话给班主任，听到我的哭腔，再想到我刚出院，担心我会出了什么事，虽然离上班时间还远着，他还是马上赶了过来。

当我靠在走廊的拐角，看着班主任风尘仆仆、满脸焦急地朝我走来时，心里感到一种莫大的温暖。见到我，他并没有问我发生了什么事情，而是直接举起了他的手，那一根断掉一截的手指映衬着天空，格外醒目，深深刺痛着我的眼睛，而相处两年多时间了，我居然从未发现过，是我太粗心了，还是他隐藏得太好了呢？他给我讲起了他的故事，那时他在当级长，一场火灾中，他为了救学生，奋力拉开大铁门时，由于用力过猛，他失去了一根指头。而失散的妻子误以为他葬身火海，绝望悲痛得昏倒在学校操场上，而后来被全身麻醉之后，妻子依旧喊着："文杰，火！文杰，火！"我明白，其实他是想告诉我，世界上真正可以令人伤心绝望的事情多着呢，高三里我遇到的挫折，其实远远比不上今后人生路上遇到的那些。我永远也忘不了那样一幅画面，他立在风中，矮矮的个子，板寸头，举着手，目光深邃，对我述说着他的故事。我从来不敢想象，这样一个成天笑嘻嘻、没点大人样的老师也会经历过那么多的苦痛。相比之下，我的又算是什么呢？也是从那时我明白，世界上没有令人绝望的困境，只有自觉绝望的心境。

后来，我们去到了学校操场，看着广阔的天空，心里也豁然开朗了。老师递给我一张纸，上面是百日誓师大会上摘录的嘉宾发言，知道我住院赶不回来，特地为我摘录的，他一条条讲给我听，开导我。他告诉我"方法总比困难多"。

虽然平时觉得他作为一个文科班的班主任兼数学老师人太随和没脾气以至于完全没有威慑力，而且讲起话来也太罗嗦，但在他管不住我们一班女学生的同时，我们心里对他还是十分尊敬的，其原因或许就是他对我们学生的奉献与付出吧。

后来，跟爸爸的矛盾在爸爸带我去北京面试的过程中慢慢化解，英

语口语考试也出奇容易,在口语考试过后我对北京的面试也变得有信心了许多,后来的考试中,我又渐渐正常发挥,住院期间落下的功课也没有造成太大的影响。现在的我,有时想起当时那些幼稚的想法,觉得有些可笑,当然也对老师那天的开导心怀无限感恩之情。

的确,多与人沟通能够提高自己的抗压能力。遇到烦恼时,向老师咨询,可以得到最贴切的帮助;跟同学谈心,可以得到最善意的关怀;与父母倾诉,可以得到最温暖的关心。成长路上,多寻求他人的帮助,这不是麻烦别人。对长辈,是对他能力的相信;对朋友,是对你们友谊的信任。因为,班主任对我说,我在最需要帮助的时候想到了他,这是一种对他的信任,他很开心。同样,当你求助于某人,是因为你信任某人,交心之后,你会发现,你并不是一个人在作战。

若是美好,叫做精彩;若是失败,叫做经历

"世界上唯一可以不劳而获的是贫穷,唯一可以无中生有的是幻想,没有哪一件事,不动手就可以实现。世界虽然残酷,但只要你愿意走,总会有路,看不到美好,是因为你没有坚持走下去。人生贵在行动,迟疑不决时,不妨先迈出小小一步。若是美好,叫做精彩;若是失败,叫做经历。"这是高考前夕,爸爸给我发的短信。我想,这和班主任常对我说的话如出一辙,意思大概是无论是什么事情,不要总是计较成不成功,做好自己应该做的工作即可。例如,当初申报省三好学生,在辛辛苦苦填完表格资料后,老师居然说填了还不一定有机会成功,还要到省里面评比挑选,着实泼了我一头冷水,因为我觉得不可能会有人在意这个名不见经传的街道中学。交表后,我将这件小事抛诸脑后,几乎忘记了它的存在。没想到后来,全区就我一个人被评选上了,确实让我大吃了一惊,原来,上帝就是这么跟人类开玩笑的。要是当初我觉得一定没

失败经历，成功精彩

有可能，干脆不填申请资料，那哪里有今天意外的惊喜呢？所以，往前走吧，人做事，天安排吧！

　　没有人知道今天的努力是否能换来明天的回报，但却没有人愿意放弃，哪怕那一步再小。因此，我决定，将继续朝抵抗力最大的那条路一直走下去，尽管我不知道路蜿蜒向何方，也不知自己是否选择了正确的方向，但我都将带着我很重要的自信，和身边人的期望与祝福，继续迎接下一个美丽而羞涩的梦想！

圆梦后的自白

我一直紧跟自己的心,在课内学习、课外活动和个人爱好之间,我知道我是谁,我该做什么,我该怎么做。理智指引我小心扣住劳逸之间那根弦。充分利用在学校的时间,回家就绝不带作业,尽量做有兴趣的事。

姓　　名：吴亦歌
录取院系：生命科学院
毕业中学：浙江省乐成公立中学
获奖情况：2011年全国数学联赛(浙江赛区)一等奖
　　　　　2011年浙江省中学生物理竞赛一等奖
　　　　　2011年浙江省高中生物学竞赛B组一等奖
　　　　　2011年浙江省高中生化学竞赛一等奖
　　　　　2010年全国高中数学联合竞赛浙江省一等奖

虽然考上的结果已被告知,但看到千里之外寄来的文件上那行"祝贺你们即将成为光荣的北大人",才知道"美梦成真"的复杂滋味——欣喜,迷茫,不安。作为一个因为各种考试在北京大学转悠3次才确定的人,构思这篇文章,我思想斗争了许久。是写成正规的憧憬—努力—成功的考场文,还是写成毫不修饰的自我表白呢?我选择了后者,带着

圆梦后的自白

不想被聚光灯照耀的心情，只是和你分享我一路走来的思绪。

学习习惯

整理对我来说很重要。保持学习生活的井然有序是我保持思考井然有序的"药引子"。拿近的说，我更喜欢把笔记整合到教科书对应部分，而不是在复习时捧一大堆本子；我喜欢把错题集按知识点分块，同时将老师发下资料的精华部分剪裁粘贴在上面，清理掉重复N次完全掌握的东西（不过要保证如果忘记还可查阅）。拿远的说，我希望身边的书与资料尽量精简，我会根据使用频率把它们放在书桌附近、教室后头或寝室。同样的规则适用于平时生活，包括校内校外，于是我养成了不拖泥带水的习惯。我不能说自己思路因此一定会清晰，但我敢说，学会整理归类对我的学习大有裨益（整理可能需要的小工具：文件夹、文件袋、文件盒、回形针等）。

我仍然记得高一期末班主任留在成绩单上的话：你如果把"学问"的"学"和"问"结合起来会更好。这道理，其实从小学就被反复强调了，但冥冥中就是有一股怯懦让我不愿改变。高二的新学期，我决定迈出脚步。多次成功的尝试让提问从此成为我学习生活的一大部分。我们化学老师曾在课上提起一位考上北大的学姐。那时刚刚考完保送生考试，她对老师们说"这次一定不行"，结果居然考上了！尽管总体分数不靠前，她化学却考了浙江省第一名，于是被北大化学专业录取。她没有接触过化学竞赛，但平时学化学时总是打破砂锅问到底。为了把教科书每个角落弄得清清楚楚，她的问题有时在别人看来还会有些幼稚，比如她会问"'盐'是什么"。也多亏这样做，她把化学学得极扎实，甚至超过了那些专攻化学竞赛的同学。那么我想，哪门课不能像这样学好

呢?要知道最后几轮复习花了多少功夫回头照顾教过的问题,就明白学习的知识值得在一开始弄得完全透彻。

你若还未被打动,你可以这样想。

(1)问个问题损失了什么?面子?老师才不会怪罪你上课没听到或没听懂呢,人人都会疏忽,你问了就说明你下决心把课学好。时间?若你毫不犹豫,打定主意一次把问题消灭,花的时间绝对抵得上之后每次在这里的纠结。我很多同学包括我自己,有时就懒得问,也许问题有些"钻牛角尖",也许之前问了一次或已问了很多问题,不好再占老师时间,于是就问其他同学,99%解答完再问"确定吗",得到回答都是"不确定",这等于是浪费两个人的生命。我的结论是,问老师效率最高。

(2)不用怕麻烦老师。师者,传道授业解惑也。解答我们的问题是老师的职责。打个不恰当的比方,如果学生是顾客,老师就是服务者。每当老师解答完学生一个问题,他(她)开心,你开心,何乐而不为呢?

我觉得第一次学很重要,就像与人交往第一印象总是最鲜明、最牢固的,并且决定着以后双方的交往,所以第一次获得知识需要"地毯式"扫盲。"好记性不如烂笔头",无论这次明白得多么透彻,时间长了,记忆就会像家具,被蒙上灰尘而看不清纹理。所以 always remember(记住)问完后一定要把详细的思路记下来。另外,不知道你是否有和我一样的坏习惯,在提问时,因为老师曾经讲得很清楚,已经有点尴尬了,老师一路讲下来,他(她)可能问很多次"你这里懂吗?",而有时脑子跟不上,也不好意思说不懂,问完了,疑问还有一些,你又不敢再问一次,就搁着,时间一长忘了。这倒好,白问!如果事后及时整理思路,就可以有效查漏补缺了。

圆梦后的自白

● 合理安排时间

Time is money（时间就是金钱）。距离终极大考，你和其他竞争者拥有的时间是一样的，最大化时间的效率，才可能脱颖而出。

首先，控制速度。注意这里，我没直接说加快速度，保量当然好，那也得在保质的前提下不是？观察身边同学，我发现过快过慢都是浪费时间，在自己的最佳速度下，既充分利用时间，又彻底消化捕获的知识，才是正确的选择。

其次，根据时间的品质计划学习。清晨起床后，大脑经过一夜的休息，消除了前一天的疲劳，脑神经处于活动状态，没有新的记忆干扰。此刻无论认还是记，印象都会很清晰，学习一些难记忆但必须记忆的东西较为适宜，所以早上我一般不安排作业。吃完饭到午睡，消化系统开始进入工作状态，需要更多的能量来消化食物，胃部的血流量将大大增加，到达脑部的血液减少，使人无法高效的进入学习状态。这时我会选择一些不用脑或零碎的练习，如基础选择题啊、小填空啊，若没有，就干脆整理资料或处理寝室里的杂事。午睡完，脑部供血量不足，会出现短暂的脑功能性紊乱，使人头昏脑涨，我就边啃个水果，边极目远眺，反正这段时间学些什么写些什么都是"浮云"。下午开始自习增多，但除情非得已，我自习课绝不用来写作业。我的自习课是处理大部头的机会，多选择做专题或自测卷。至于作业，基本上在课外争分夺秒消灭掉。

最后，健康运用时间。从初中到高中毕业，我没有挑灯夜读过，该做什么做什么。当然，有些人牺牲点睡眠也不影响学习效率，所以这里我想强调的是量力而行。

爱的护航

备考与"应战"

在高考备战的最后阶段，我对做错题集又采取了两项新政策。一是时常翻看以前的错题，删除低级错误，探究根本错误（多是知识点），归纳共同错误，写在每块错题前的提醒板块里，便于翻到时反复加深印象，特别是在考前浏览一下，可以提高对每一题型特定陷阱的敏感度。二是交流。我们班在高考冲刺阶段，每两天安排出一段专门的时间来交流最近复习的心得。我和同学们或交流学习方法，或解题思路，或对特定知识点的记忆法，有时也互相提醒容易遗忘的知识点。现在想来，倒是后悔没有在一开始就实践这法子了。

采用以上的做法，保证了每天有足够的知识流量。如果把知识比作河里的鱼，开源"截流"，必需一张缜密的网。回顾是记忆的网，将接受的信息截留在脑中。我会对一天中的重要知识点编号，洗澡时、在去食堂和寝室路上，尽量回忆。由此，为了使庞大的知识网相互联系又富有条理，掌握正确的记忆法也至关重要。

以下几点和考试更紧密。

审题。不知道你是否和"马大哈"的我一样有审题不清的烦恼。时间紧张的考试中，快速浏览会让脑子落后于眼睛。我呢，甚至因此被老师"深切慰问"。之后我采取的办法是，边读题，边圈出关键词句，像数据、时间顺序、属性（正负等）、方向、附加条件之类的，这样做尤其在争分夺秒的理综考试中见成效。

检查。我身边的同学，很多声称考试多出来的时间纯属被荒废掉了。本人极爱犯低级错误，所以检查时间对于我是一寸光阴一寸金。根据自己的总结，我形成的检查顺序是：①确定没有漏答，漏填；②确定没涂错；③验算计算大题答案；④把之前标出的不确定的题再看一次；

⑤完善解题过程。实际操作中基本没空走完所有流程,但我只要做到不浪费考试的一分一秒,就问心无愧了。

抓解题过程。这条只适用于物理和数学。我还记得数学老师的第一堂课,教的是三角函数的单调性。他先在黑板上示范解题,但和其他老师不同,他的过程书写端正,条理清晰,简直和高考真题卷给的答案一样标准。其他老师说,每次带出去考试,阅卷人一看就知道学生是不是这位老师教的。写好过程是一种"骗分"技巧。很多次,他的学生考试的实际成绩要比估分高,原因是,即使答案算错或根本不知道怎么写,认真地向阅卷老师展示思路,不仅可以拿过程分也可以拿好感分。写好过程的益处还在于,当一步步思考被投射到考卷上,反过来也有利于继续解题。把运算分解,检查时就能更快找出失误所在。示范后,老师要求我们模仿这种格式反复练习,以致后来一看到这种题型,基本不需动脑子就顺顺溜溜写下来了。

草稿呈现的也是一种解题过程,唯一不同的是观众从阅卷老师换成自己而已。打草稿也需养成标准化的习惯。一位拿过国际数学竞赛金牌的学长,草稿可直接拿给别人作为标准答案。而很多人对草稿纸都很"节省",写的字以各种方向横空飞来,像打群架似的,恨不得先拿铅笔写一遍,黑笔写一遍,蓝笔写一遍,红笔最后写一遍,老师打趣地说。把草稿当考卷写,计算能力自然会上来。

说完数学,在物理上做好这点也会收到意想不到的效果。物理计算答题需要的不仅仅是正确的结果,也是运算的依据——公式定理也是重要采分点。极端例子如物理老师提到的一位学生,快交卷了还没完成物理大题,他不管三七二十一,操笔写下记忆中所有公式,没想到,最后至少还拿了一半分,他可是连算都没算啊!我们无法保证一次算出来的答案就是对的,写好过程则相当于上好保险。

爱的护航

语文作文的几点想法。作文占语文分数的 40%，然而写好作文其实不难，我就记俩字——亮点。作为一个极少接受文学熏陶的人，我落实亮点的办法自认比较功利。

第一，好词好句（大多是名人名言和美文片段）。感谢语文老师的坚持，高中三年我们班就没断过阅读课。好记性不如烂笔头，摘记帮助留住每次的阅读精华，而是否被我收录就要看运用于作文的可行性了。

第二，新鲜素材。就拿时事说，来源可以是《感动中国》、《新闻周刊》和时评较多的其他报刊等，看了稍微做个笔记或上网深入了解，若是现成有的，我干脆把它剪下来贴在周记本上（事实上我周记、摘记、素材收集三合一），这里推荐《南方周末》，它对热点事件分析得比较独特、深入。我也喜欢针对一件事、一个人物，挖掘出不同层面、不同角度的内涵，换句话说，就是方便写不同主题的文章时都好运用手里的素材，其中可能需要上网查，不过也可委托家长帮把手。

心态

对于学习压力，说实话，外界的压力于我是无关的。更多的是我自己给自己的压力。我向来喜欢顺其自然，从不逼自己做任何事。既然如此，有人会问我为什么能像超级小马达一样学习，我想说，我爱做正确的事。我的当务之急是学习，放纵令我不安，做正确的事则给我安全感。

我一直紧跟自己的心，在课内学习、课外活动和个人爱好之间，我知道我是谁，我该做什么，我该怎么做。理智指引我小心扣住劳逸之间那根弦。没必要为分数牺牲快乐，该学习就学习，该玩就玩，都不带马虎。所以无数次被问读书苦不苦时，"不苦"一直是我的回答。到此，

圆梦后的自白

请原谅我文字的虚空,如果具体讲,我个人的历程是:充分利用在学校的时间,回家就绝不带作业,尽量做有兴趣的事。直到把自己的爱好玩厌了,就自然将所有精力放在学习上了。

若一个人无法承受挫折,在我看来,多半是抱怨命运不公,对自己、对将来感到绝望。我不是乐观派,但我自认特受得住困难和打击。每当此时,我第一反应就是责问自己,如果我能力更好一点就可以解决或避免的,我绝不抱怨怪罪别人,也不自认倒霉;我也不过分悲观,希望总是有的。

所谓"不识庐山真面目,只缘身在此山中",我会走出当下,从俯视人生的角度面对挫折。这样,什么困难还不是以后只会报之一笑的小case(小意思)。想我第一次参加保送生考试,大家说一定考上,没考上;第二次参加自主招生,大家说一定能复活的,没复活;参加光华60分加分的面试,如此诱人,还是无缘,加上最开始的北京大学中学生夏令营,我都在北京大学转3圈了(自主招生面试和光华的面试是同一次)。老师们觉得我一定会意志消沉,大哭一场的,我还是没事人一个。又有什么生命不可承受之重呢?一时的小苦难在漫长的人生中又何足挂怀呢?

再说,怎样才对自己最有利呢?伤心、抱怨、颓废一点用都没有,只让自己懦弱又可悲。你可能告诉自己只不过想发泄情绪而已,但我觉得那是借口,那只会让后来的心情更糟。面对刚刚铸成的过错,即使痛心疾首,我总告诉自己还可以弥补,比如刚考完某门,觉得会很不理想,我就化悲愤为力量,下门考好些不就补上了吗?就算知道事实不能改变,总有机会可以用来努力,用来减少悔恨,弥补过错,吸取教训。活着的时间有限,哪能浪费时间自怨自艾呢?

我时时感恩。我的感恩有两方面。

感恩苦难。每每不顺,我都在心里感谢命运。这不免矫情,但事实上我就是这样做的。每次挫折都是一件宝贵的礼物,只是许多人不知道如何打开它罢了。它磨砺我,让脆弱的我坚强,让人生有了意义。

感恩拥有。健康的身体、美满的家庭,我每天感谢生活赐予我这些财富。

我的化学奇缘

课内的作业,我会选择那些对我有用的来完成;课外的化学竞赛,我也没有囫囵吞枣式的什么都看,而是有针对性地选择那些对竞赛有用的书来看;业余爱好只是起到调节作用,像玩乐器和打球,在学累的时候放松一会儿,还是很美妙的。

姓　　名:熊典
录取院系:法学院
毕业中学:湖北省华中师范大学第一附属中学
获奖情况:全国高中学生化学竞赛(省级赛区)一等奖
　　　　　全国高中数学联合竞赛二等奖
　　　　　全国中学生物理竞赛二等奖
　　　　　全国中学生生物学联赛三等奖

七月,收到了盼望已久的北京大学的录取通知书。拆开鲜艳喜庆的北京大学专用信封时,不禁回想起这封录取通知书背后的那段化学奇缘。从相遇到相识,从相知到相离,我和这门学科间发生了太多的故事。它让我明白的,不只是化学世界的玄机奥妙,更多的,是探索一门科学的技能。

作为高考班的学生,能凭着化学竞赛保送北京大学,真是莫大的机

遇与幸运，我愿意挥舞笔墨，铭记我与化学间的点点滴滴。

从"曾青得铁化为铜"开始

西汉时刘安在《淮南万毕术》中记载："曾青得铁，则化为铜，外化而内不变。"不妨就以此为题吧。

最早接触到化学是在初二的时候。当时随手翻翻学长的初三课本，很快便被一幅铁与硫酸铜反应的图片吸引了。我手捧书本，大呼奇妙，如此简单就能变铁为铜？简直跟魔术一般，为了能在老妈面前表演这个"魔术"，我缠着老爸让他带我去买传说中的硫酸铜。

就这样，我拿到了我的第一瓶化学试剂。买回家时，我就迫不及待地用纸杯配制了一杯硫酸铜溶液，放入铁钉。盯着它看了好久，可是一点变化都没有。于是我带着失望的心情睡下了。第二天，我惊奇地发现铁钉不见了，化作了一堆铜渣。看着那些铜渣，我又很沮丧，因为我的幻想破灭了。我原以为会变出一颗崭新的铜钉，闪闪发亮，结果只是一片"废墟"。之后我自然没有表演给老妈看，因为没有我想的那样神奇。

虽然第一次实验没有达到我的预期效果，但是毕竟迈出了我化学旅途的第一步，并且引起了我极大的兴趣。我的化学实验室，也就从这里开始了它的构建。

兴趣是最好的老师

随着化学学习的深入，我的小实验室也在不断壮大。一有机会，我就写好清单，让老爸从试剂商店买回新的药品和仪器。当课本上的实验"玩"腻了之后，我很自然地顺着感觉去尝试新的反应。若结果与猜想吻合，我便暗自高兴自己的动手能力，否则我就会通过各种途径弄清事情的原委，比如问老师或上网查找。就这样，我认识了离子反应，了解了亚铜化合物，掌握了许多初中生难以理解的知识。日复一日，我逐渐形成了一套属于自己的化学体系，这对我以后的学习有着莫大的帮助。

更多的知识让我买了更多的试剂，更多的试剂带给了我更多的疑问，更多的疑问又指引我去学习更多的知识。靠着这个良性循环，我的化学知识经历了一次指数型增长。当然，我对这门学科的兴趣不减反增，因为愈来愈多的试剂会带来趋于无穷的乐趣。

在凭感觉摸索的过程中，也出过不少事故。有一次电解熔融态氢氧化钠，因为使用了铝制容器导致了爆炸。一些液滴溅到了脸上，结果脸上零星地出现了红点。幸好我及时擦了硼酸，这些红点才渐渐消退，如果不是处理及时，恐怕我的脸早已"毁容"。经历这次事件之后，老妈坚决反对我学化学。不过，这次有惊无险的事故让我知道了两性金属的知识。还有一次我把硫和高锰酸钾混合研磨，装入试管内加热，一团火球腾空而起，把我家窗帘烧出了一个"炫丽"的窟窿。因为偷着做实验，我的衣服一件一件地留下了被腐蚀的痕迹或是大洞小洞，为此老妈没少批评我。不过一次次的挫折只会让我更加遵守化学实验规程，从来没有让我放弃或退缩。

就这样，为了化学实验，我背着老妈如饥似渴地去学习，去探索，最终让我在初中阶段偷偷自习完了所有高中化学课程，并以优异的成绩提前被华中师范大学第一附属中学录取。

真正的化学世界

来到华中师范大学第一附属中学，我才真正地开始系统的化学学

习。由于考虑到自身知识的平衡和全面发展加上老妈的极力反对，我没有选择竞赛班，而是选择了以期在高考中取得好成绩的高考班。尽管于此，我还是暗暗地下定决心，拿个国家级竞赛一等奖让老妈瞧瞧。

在竞赛班学长的帮助下，我弄到了一份化学竞赛课本清单，老爸带我跑遍武汉各大书店，终于凑齐了《无机化学》、《有机化学》和《分析化学》这3套基础书目。从那以后，我每天都沉浸在这些书中，贪婪地吮吸着知识的精髓，初中时遗留下的问题，一个个被解决，这种感觉难以言表。

很快，买来的这些书就被我看了一遍又一遍，就在我茫然于没有化学书可看之时，却在学校图书馆中发现了"新大陆"。一次偶然的机会，我翻阅了《有机化学进阶》，从此便一发不可收拾。只要有空，我和其他的化学迷们就直奔图书馆"淘金"。两年下来，图书馆的化学书几乎都留下了我们的气息。

学校图书馆图书虽然不是很多，但是能够吸取其中有用的部分，与现有的知识互相补充，还是很有收获的。记得那时，我们把书借出来之后，午睡时间趴在床上看，晚自习找课间的间隙看，吃饭吃得早也会拿出来看，甚至偶尔在体育课上也会找个操场一角坐下来看。在别人眼中我们是"疯子"，只有我们自己知道"疯子"背后的乐趣。

这种境界让我认识了真正的化学世界，似乎有无穷无尽的宝藏正等着我们的发掘。

在兴趣小组的那些日子

高二时，学校为了发掘我们高考实验班学生的潜能，特地开设了选修课，也就是在数、理、化、生中选择一门向竞赛方向拓展。身为化学

我的化学奇缘

课代表的我受老师重托，责无旁贷地担任了化学兴趣小组的组长。

整个小组不大，十几个人，但安排得井然有序——每周三一节课，由我讲授无机化学部分，另一名同学讲授有机化学部分。每节课上大家都听得很认真，也表现得很积极。

记得那些日子，每天中午我都会带上备课本和参考书目，来到博雅湖旁的小光谷里，伏案写作。我把重要知识点和自己的心得整理记下，以便在下节课上讲授给大家。当时正值草长莺飞的人间四月天，春日的暖阳洒在身上，水面的荷风微微荡漾，一切多么惬意和美好。

预赛之后，刷下了许多兴趣小组的成员，顿时整个教室显得冷清了许多。然而有幸熬过"劫难"的同学们却毫不放松，更是以百倍的热情投入到复赛的准备中来，课时也从每周一节增加到了每周三节。这让我很是欣慰，备课和印试卷也更有动力了。

就这样奋力拼搏到了决战时刻，我们上完了《无机化学》、《有机化学（上）》和部分《分析化学》与《结构化学》的课程。最终，在全国化学竞赛中，我们八人小队的战绩很是辉煌：八人人人获奖，其中包括一个"国一"和四个"国二"。

随着化学竞赛的落幕，戴着闪闪的光环，我这个化学竞赛兴趣小组的组长也光荣退任了。虽然备课的日子很忙，讲课的日子很长，耽误的时间很多，然而，在兴趣小组的那些日子却永远铭刻在我的心中。

吕老师、马教练和他的学生们

准备竞赛的过程中，难免会遇到棘手的难题，这时求助老师就成了最为方便最为直接的途径了。

我的化学老师姓吕，同学们都亲热地喊他"浩然兄"，他本是不支

持同学搞竞赛的。他认为有多余的时间，不如用来巩固高考以内的知识。可每次同学有疑问的时候，他总会热心地帮我们解答，或是跟我们探讨。这让我们很是感激，有了他的指引，至少在探索的旅途上我不会迷茫。因为对化学的酷爱，因为高二时拿了"国二"，我在学校小有名气，吕老师大概看出了我的潜能，破例带我认识了竞赛班的化学教练马老师。或许因为平日的声名，或许因为吕老师的推荐，早就认识我的马教练和他的学生们没把我当外人，化学实验室的大门随时为我这个"编外"的学生敞开。平时遇到了问题，我便会记下来，找个时间一并请教马教练和他的学生们。

凭着和竞赛班的特殊感情，我带领化学兴趣小组的同学经常"混迹"竞赛班。记得兴趣小组的几位同学曾一起偷偷站在马教练办公室门外"侦查情况"，然后一起进去"围攻"教练，马老师也一直很有耐心地解答。甚至有几次我还获准去竞赛班教室，跟他的学生们共同探讨。竞赛班的同学都很友好，他们毫不吝啬自己的知识，慷慨地跟我交换心得和看法。对于马教练，我这个"编外"学生很是感激。印象最深的一次便是一个周六，老师们刚搬完办公室，马老师也满头大汗准备回家。看到我来，他放下包，接过我的问题仔细研究。那是一个晶体学的棘手问题，可马老师十分有耐心地查阅资料、画图、用模型演示给我讲解。最后，经过一个多小时的仔细研究，这个问题终于得以解决。一路上有这些良师益友相伴，的确轻松许多。

学会处理 3 个关系

身为高考班的学生，课业压力无疑是很重的，因为每一科都被要求拔高到一定的层次。这样下来，整天都被课内的作业充满，很难挤出时间来做自己想做的事情,比如化学竞赛和业余爱好。

曾经有一段时间我总是顾此失彼,特别是还要准备兴趣小组的教案。那段时间,我的成绩掉到了年级一百多名。后来总算学会了处理和协调课内学习、课外活动和业余爱好的关系,这才站稳了脚跟,把名次冲上了年级第五。回想起来,我的做法是:课内的作业,我会选择那些对我有用的来完成;课外的化学竞赛,我也没有囫囵吞枣式的什么都看,而是有针对性地选择那些对竞赛有用的书来看;业余爱好只是起到调节作用,像玩乐器和打球,在学累的时候放松一会儿,还是很美妙的。

几经摸索,终于把学习任务安排进了有限的时间,该看书的时候看书,该刷题的时候刷题,该复习的时候复习,这样下来竞赛、高考两不误了。

紧张备考

从预赛的小打小闹走到了复赛,也没怎么做题,只是天天看书,逛逛图书馆,跟教练聊聊天。到了比赛的前两个星期,我突然有种危机感,于是买了一本模拟题,在网上下载了一些卷子,每天做一些练习以进入紧张的备考状态。

为了让我尽快调整好状态,老爸特意从"我爱奥赛网"上下载打印了20套模拟题,让我看看题型,检测一下知识的掌握程度。拿着这些题和同学们共同探讨,补上了很多的漏洞,像"鲍林电价规则"等知识点就是凭着这些模拟题挖掘出来的。

同学们互相分享自己遇到的好题目,互相取长补短,在紧张的氛围中不知不觉迎来了考试的日子。那年的化学竞赛在十一中举行,我一大

早就跟着校车去了考场。三个半小时下来，没什么特别的感觉，只是一直为自己的一个计算错误感到惋惜。同学们也都很平静，没有讨论考试的事情，径直回家了。

不久，"国一"的证书发了下来，还真有点意外，想前一年获了个"国二"，今年因为泄题事件和计算错误还真没什么底。这一纸"国一"的证书让我步入了保送生考试的紧张备考状态。我和另一个具备保送资格的同班同学一并向老师们申请减免部分作业，以便集中精力做自主招生和保送生考试的试题。好在可爱的老师们不但欣然应允，还给我们一路"绿灯"，随时解答我们的难题。

每天晚自习，我们都抓紧时间做自己的"自招题"，或是找曾经准备其他竞赛的同学网罗各种"宝"书。那段日子跟其他同学相比，我们显得比较清闲，毕竟没有做不完的试卷与练习，而自我的训练又全靠自觉自愿。然而回想起来，这样的学习不但不累而且很充实，因为可以做自己想做的事，学自己想学的知识，补只有自己清楚的漏洞。这样的模式大概跟大学生活很接近了吧。就这样准备了几个星期，很快就迎来了保送考试大决战。2011年12月，爸妈带着我直飞北京参加保送生考试。考试前一天，我们在北京大学校园里散步，还真有一种莫名的亲切感。整个考试期间我都是十分放松的，除了在面试的自我介绍上花了不少功夫去演练，其他的时间基本就用来玩电脑了。

几天后，我们结束考试返回武昌，即刻投入到紧张的高考复习中，在平静中等待，直到结果公布。

回想起来，高考班的学生准备这样的竞赛还真是辛苦。因为要保证平时的好成绩，竞赛就只能靠挤出来的时间准备了。不过这种繁忙而艰辛的生活也很幸福，因为有一种充实的感觉，很美妙。

我的化学奇缘

捡了一些不错的"便宜"

有人说，化学是中心科学，上游有作为基础的数学和物理，下游有处于应用层面的生物，因此学化学也不可避免地要跟另几门学科打交道。所谓牵一发而动全身，为了弄懂一些深层次的化学知识，就不得不将数学和物理方面的基础弄扎实；为了了解有关某道生物化学题的情况，就必须翻翻《普通生物学》。比如分子轨道理论就需要量子力学的基础，化学热力学的基尔霍夫计算就需要高数里的积分……就这样每天查阅数学与物理的资料，让我在这些领域的知识也突飞猛进。这不仅巩固了我高考中理科学科的优势地位，还让我捡到了一些不错"便宜"：在第二十八届全国中学生物理竞赛中，我有幸进入复赛并获得二等奖；在2011年全国高中数学联合竞赛中，我的名字出现在中国数学会一等奖待批名单里，最终获得了二等奖；在生物学联赛的获奖名单中也有我的名字——能拿到2011年全国中学生生物学联赛的三等奖，我也很满意了。四门学科门门有国家级的奖项，而且高二时就有，三年下来，四门学科领到了9张获奖证书，老师们开玩笑说："高考班学生一个人拿九张证书，在华中师范大学第一附属中学是前无古人，后无来者。"

这些，都是化学学习过程中的小插曲，但对于整个理科思维的构建是十分有益的。

此外，有时我需要研究原子在晶格中的排列，正好会用上我的计算机编程知识。我酷爱计算机编程，经常编写一些小程序，像加密解密器和绘图日记本等。能用上编程的知识解决疑惑许久的化学问题，真是幸甚至哉。

这样顺手捡到的"便宜"，还真的很不错。

 爱的护航

● 尾声

七月,一切重归宁静。我伏案泼墨,任夕照投下记忆的影,铺成我的化学奇缘。

后　记

——墙里秋千墙外道

北大的精神是永远的，精神的魅力是永恒的。2012级新生稿件的审稿工作已告一段落。从刚刚成为"北大人"的高中毕业生群体中征文，并选出部分有代表性的文稿编辑成书，几乎已成为北大传统。这是一件相当有意义的事儿：刚成为北大人的他们离高考最近，是这场"搏杀"的胜利者，因而最有"发言权"；他们的故事，他们的经验，也是更多正在奋斗的学生和他们的家长、老师渴望知道的。这既是过来人对自己的一份总结和交代，更是对未来者的叮咛和期许。

字里行间，他们用文字筑造了一个绚丽斑斓的世界。这里有梦想，关于博雅未名，关于朱门前的石狮子，只那一瞥就钟情于此；这里有拼搏，争分夺秒，挑灯夜读；这里有技巧，各门学科，见招拆招，于手起笔落间论剑高考；这里有故事，或黯然神伤，或得意欢畅，尽显英雄意气；这里有思考，像快乐的芦苇，在生活中处处歌唱；这里还有感恩，父母，师者，长者，朋友，同学，深情厚谊，山高水长。这里有道不完的精彩。

沉浸在他们的世界里，会感到一股力量正在心中发芽、生长。这些文字都力透纸背。相当一部分的文稿都各具特色，各有千秋。但出于为读者提供更多的信息、更好的借鉴的意图，我们尽量避开了重复的篇目，以求内容的多样化。在此，我们向所有的投稿者表示感谢，没有你们的文稿，就不会有本书的出版。同时，也希望我们提供的文稿能让读者满意，这是我们最大的目标。然而工作量大，力有不逮之处，还请读者见谅。我们欢迎读者朋友提出修改意见，你们的意见是我们进步的动力。"墙里秋千墙外道。墙外行人，墙里佳人笑。"作为编者的我们，想要做的，就是推倒这堵墙，让燕园之外的读者，也能看到其中的风景，甚至最终走进这座美丽的园子。

  高考是人生的一道坎儿。进入燕园，确实是一幕完美的收场。但是，生活并非只有高考，燕园也并非代表着终结，而是新的开始。细细品味这些征文，充斥着它们的，早已不是单纯的高考。在高考之外，有着更广阔的生活，比如社会活动，比如兴趣爱好。如果读者朋友能在这些文稿中，看到"围城"之外的东西，那我们编者就倍感欣慰了。

编者
2013 年 2 月